GS₹

Heinz Fröscher

Em Beppi sy Beppeli

Ein Buch über das Leben der Hunde in der Stadt

Fotos: Beat Trachsler

GS-Verlag Basel

Der Verlag dankt allen, die bei der Entstehung dieses Buches durch ihr Wissen mitgeholfen haben, insbesondere Frau Eli Fröscher.

Ein herzlicher Dank geht auch an Herrn Dr. Peter Gurdan, den Kantonstierarzt Basel-Stadt, für die wertvollen Auskünfte sowie seiner Mitarbeiterin Frau Nicole Schnyder.

Die Deutsche Bibliothek - CIP-Einheitsaufnahme

Em Beppi sy Beppeli : ein Buch über das Leben der Hunde in der Stadt / Heinz Fröscher ; Beat Trachsler. - Basel : GS-Verl., 1994
  ISBN 3-7185-0145-7
NE: Fröscher, Heinz; Trachsler, Beat

© 1994 GS-Verlag Basel
Gestaltung: Beat Trachsler, Basel
Verlagsdatenverarbeitung
ISBN 3-7185-0145-7

Inhalt

Die Leinenführigkeit
Das Ignorieren
Der Appell
Die Befehle Sitz! - Platz! - Bleib!
Anspringen verboten!
Stehlen verboten!
Betteln verboten!
Der Beppeli wird stubenrein
Die Bedeutung von Kot und Urin
Warum macht der Beppeli ins Haus?
Der Fress- und Trinkplan
Ein Zeitplan hilft
Die Kontrolle in der Nacht
Reinigen der 'Unglücksstelle'
Lernen Sie, die Anzeichen erkennen!
Missverständnisse und Ängste

Die Hundehaltung in der Stadt

Dem Autor Heinz Fröscher und dem GS-Verlag Basel ist dafür zu danken, dass sie mit dem vorliegenden Buch 'Em Beppi sy Beppeli' einen gelungenen Leitfaden für eine artgerechte Hundehaltung in unserer Stadt geschaffen haben.

In Basel-Stadt werden rund 5'000 Hunde der verschiedensten Rassen gehalten. Dabei steht es ausser Zweifel, dass der Hundehaltung gerade in einem Stadtkanton eine grosse soziale Bedeutung zukommt. Das Halten eines Hundes bzw. die Möglichkeit des Umgangs mit einem solchen fördern die emotionale und mentale Gesundheit vor allem von alten oder alleinstehenden Menschen. Hunde sind Kameraden und treue Wegbegleiter, sie zeigen Zuneigung, vermitteln seinem Halter das Gefühl des Gebraucht- und Geachtetwerdens und ermöglichen auf diese Weise vielfältige Interaktionen. So gesehen, leistet ein Hund einen wertvollen Beitrag zum psychischen Wohlbefinden seines Besitzers. Auch für unsere Kinder ist ein Hund oft ein heiss geliebter Spielgefährte.

Doch nicht für alle Einwohner unserer Stadt ist die Hundehaltung die helle Freude. Die Mehrzahl der Hundebesitzer in Basel verhält sich, wie die Erfahrung zeigt, weitgehend korrekt. Leider gibt es aber immer noch unbelehrbare Hundehalter, die sich nicht darum kümmern, ob ihr Hund andere stört oder belästigt, obwohl sie nach den gesetzlichen Vorschriften dazu verpflichtet wären. Von der Gedankenlosigkeit und Unbekümmertheit über die Bequemlichkeit bis hin zu echter Ignoranz lassen sich bei fehlbaren Hundehaltern alle denkbaren Einstellungen den 'Hundeproblemen' gegenüber finden. Darum ist es so wichtig, dass von den verschiedensten Stellen durch gezielte Information und entsprechende Massnahmen die Hundebesitzer zu einer akzeptablen Verhaltensweise ihren Mitbürgern gegenüber bewogen werden.

Wer mit Verantwortung einen Hund halten will, der holt sich das erforderliche Wissen in diesem Hundebuch, im Erfahrensaustausch mit kompetenten 'Hündelern' sowie an entsprechenden Ausbildungskursen der regionalen kynologischen Vereine oder bei privaten Hundeexperten.

In diesem Sinne bietet auch der vorliegende Band eine gute Gelegenheit, neues Wissen aufzutanken, denn gerade in Fragen rund um die Hundehaltung und das Hundeverhalten gibt es immer wieder neue Erkenntnisse. Der Bogen der Information in diesem Buch wird dabei von der 'tiergerechten Hundehaltung in der Stadt' über Themen wie 'der Hund in der Gesellschaft', die 'Welpenerziehung', 'Pflege, Gesundheit und Fütterung' bis hin zu recht praktischen Angaben im Kapitel 'Rund um den Beppeli' gespannt. Schön wär's, wenn nach der Lektüre dieses Buches viele Hundehalter unserer Stadt überzeugt sagen könnten: „Ja, ich verstehe meinen Hund besser und habe ihn richtig in der Hand, so wie der Autor seinen *Beppeli* und der Schreibende seinen Rauhaardackel *Speedely*."

Dr. Peter Gurdan
Kantonstierarzt Basel-Stadt

Neuerdings heisse ich Beppeli!

Eigentlich bin ich der Snoopy, und eigentlich bin ich gar kein waschechter Basler. Wenn Sie wissen möchten, wie ich zum Namen Beppeli gekommen bin - dass dieser Name eine Koseform von Jakob beziehungsweise baseldeutsch: Jokeb ist, brauche ich Ihnen nicht zu erklären - dann müssen Sie halt weiterlesen ...

Ich beginne meine Biographie mit der Information, dass ich in meiner frühen Jugend sechs Monate lang im Tierheim von Colmar gelebt habe. Hier hat mich meine jetzige Familie entdeckt. Es war, wie die Menschen sagen: Liebe auf den ersten Blick. Zunächst sahen wir uns zwar durch die Gitterstäbe des Zwingers, wo ich zusammen mit anderen Vierbeinern lebte. Nach der ersten Freude erlebte ich allerdings einen Schrecken, als ich hörte, wie der bärtige Mann sagte, dass er mich noch nicht mitnehmen wolle. Zuerst dachte ich, es sei wegen meinem nach einem Bruch falsch zusammengewachsenen und daher abgewinkelten linken Vorderbein. Da fragte das enttäuschte sechsjährige Töchterchen Heidi, weshalb es mich denn nicht gleich heimnehmen dürfe. Und der Vater tröstete es und erklärte ihm, dass sich auch andere Leute für mich interessierten. Im übrigen sei es so, dass sich die Hunde ihre Menschen aussuchen würden und nicht umgekehrt. Wenn der kleine, muntere Mischling aber für sie bestimmt sei, dann dürfe es mich stolz nach Hause nehmen. - Es war eine lange und bange Woche. Mir war von Anfang an klar, dass es für mich nur diese Familie gab und sonst nichts. Allen Interessenten, die mich länger als eine Minute anglotzten, zeigte ich meine verpfuschte Vorderpfote.

Und dann war endlich der grosse Tag da. Die Familie aus Basel, meine neuen Freunde, rollte an. Endlich war ich wieder frei - halb frei, denn der schlaue Bärtige hängte mir ein langes Schleppseil um, und so misslangen meine Ausreissversuche! Der Abschied machte mich nicht traurig, obgleich die Betreuer im Heim sehr liebevolle Menschen waren.

Die Fahrt nach Basel wurde dann meine fröhlichste Autofahrt. Heidi hielt mich behutsam in seinen Ärmchen. Ich spürte, dass eine schöne Zukunft auf mich wartete. Als die Fahrt zu Ende war und wir ausstiegen, musste ich natürlich zuerst den Boden meiner neuen Heimatstadt abschnüffeln. Und als ich dabei - eher zufällig - das Haus erblickte, das offenbar meiner neuen Familie gehörte, traf mich fast der Schlag. Da stand doch wahrhaftig über der Haustür: Hundeschule. Mir schwante Schreckliches! Aber ich wurde wie ein Fürst behandelt. Ich durfte sogar im Bett meiner neuen Spielkameradin Heidi schlafen. Dort träumte ich von meinem Leben in Freiheit, das ich fast ein Jahr lang geführt hatte, bevor ich im Tierheim landete. Herrenlos war ich umhervagabundiert. Ich ernährte mich von dem, was ich fand. Noch heute kann ich beispielsweise Baumnüsse korrekt aufbeissen und fresse nur den Kern. Auch Mistkübel könnte ich mit meiner Schnauze mühelos öffnen. Leider stehen heute zugeschnürte Plasticsäcke ohne Deckel vor den Haustüren.

Schon bald sorgte der Bärtige dafür, dass mein 'Abenteuerbein' geflickt wurde. Nach der Operation entdeckte ich, dass meine Hoden weg waren. Was soll's - ohne sie ist mir eigentlich viel wohler! Ich musste übrigens wochenlang umherhumpeln. Immer wieder wurde der Verband an meinem Bein gewechselt. Das war für mich, den Temperamentvollen, eine langweilige Zeit. Glücklicherweise ist alles gut herausgekommen, auch mit meiner Erziehung. Ich hoffe es wenigstens. Da macht man nämlich einiges mit. Das hätte ich nie gedacht! Jeden Tag heisst es ein paarmal: Komm!, Sitz!, Platz!, Bleib!, Fuss! usw. usw. Und dann diese trockenen Belohnungsguteli. Dabei sind Würste schon lange erfunden! Aber es hat sich gelohnt. Seitdem ich gehorche, erhalte ich, der Stadthund, sehr viel mehr Freiheit als meine ungehorsamen Artgenossen. Ich bedaure sie, die Roll-Leinenhunde.

Sie werden es kaum glauben, aber eines Tages kam ich zum Film, ich, der kleine, nur 10 Kilo schwere, krummbeinige Mischling. Alles begann damit, dass uns Magdalena besuchte. Sie arbeitet für das Schweizer Fernsehen DRS. Mein Meister und Magdalena redeten lange über mich und schauten mich immer wieder fragend an. Die Menschen theoretisieren gerne. Dabei ist Handeln viel schöner. Es gab dann auch Action. Einige Zeit später tauchte nämlich ein Aufnahme-Team mit Kameras und Mikrophonen auf und filmte an verschiedenen Orten in der Stadt verschiedene Hundebesitzer mit ihren vierbeinigen Freunden. Ich musste einige Kunststückchen lernen, die ich zwischen den Szenen vorführen durfte. Der einstündige Film bekam den Titel 'Hundeliebe'. Er handelt von Hunden und ihren Haltern, den gutsituierten und den drogenabhängigen. Ich wurde berühmt und beliebt. Aber das ist mir wurst. Wurst und mit meiner Familie ausgedehnte Spaziergänge zu unternehmen, ist mir viel lieber.

Jetzt bin ich vier Jahre alt, und schon erlebe ich wieder etwas Besonderes: ich komme in einem Buch vor, das den Hunden gewidmet ist, die in der Stadt leben. Eigentlich ist es ja den Hundehaltern gewidmet, zumindest denen, die nicht so recht wissen, wie sie mit einem Hund umgehen sollen. Und weil die Herausgeber dieses Buches gemeint haben, 'Snoopy' sei für einen Hund, der in Basel lebt, kein Name, heisse ich neuerdings 'Beppeli'.

Ich wünsche allen meinen vierbeinigen Kameraden ein abenteuerliches Leben mit ihren Zweibeinern. Auch Ihnen, liebe Leserin, lieber Leser

Ihr Snoopy - eh: Beppeli

Wir wollen einen Beppeli

Die Wahl des Hundes und des Züchters

Viele angehende Hundebesitzer erwerben ihren Hund auf dem Land, weil sie glauben, dass er dort eine optimale Welpenzeit erlebt hat. Dass dies nicht immer zutrifft, lässt sich dem empfehlenswerten Buch von Hans Weidt entnehmen: 'Der Hund, mit dem wir leben - Verhalten und Wesen'.

Ein guter Züchter orientiert sich laufend über die neuesten Erkenntnisse der Verhaltensforschung. Er stellt die Wurfkiste in seiner Wohnung oder in deren unmittelbaren Nähe auf.

Von der vierten Lebenswoche an braucht jeder Welpe täglich ungefähr eine Stunde persönliche Betreuung. Der künftige Besitzer sollte regelmässig 'sein Hundekind' besuchen können.

Ungünstig ist eine abgelegene Zwingerhaltung, fern von jedem Verkehr, mit wenig Kontaktmöglichkeiten zu Menschen und Umwelt. Jeder Hund braucht unbedingt täglich regelmässigen Kontakt zu vertrauten und unbekannten Menschen.

Um für den Welpen den Umzug vom Zwinger auf dem Land zum neuen Besitzer in der Stadt zu erleichtern, macht der verantwortungsbewusste Züchter den Wurf im Beisein der Hundemutter schon früh mit den optischen und akustischen Eindrücken des Stadtlebens vertraut. Ein mit Strassengeräuschen bespieltes Tonband kann unter anderem hier gute Dienste leisten.

Welpen, die nicht verkauft werden können, die als Junghunde zu lange unbeschäftigt im Zwinger auf einen Käufer warten müssen oder die vom neuen Besitzer nicht hundegerecht weiter gefördert werden, verlieren die günstige Prägung wieder.

Gewissenlose Züchter versuchen, ihre 'Zwingerhüter' mit der Behauptung für den Käufer interessant zu machen, sie hätten eigentlich gerade mit diesem Tier selbst weiterzüchten wollen und müssten sich nun, schweren Herzens, umständehalber doch von ihm trennen.

„Die wichtigste Entscheidung, wie ein Hund einmal wird, fällt in den ersten Wochen seines Lebens beim Züchter. Nicht nur das: Bei gleicher Erbmasse können Hunde, unter verschiedenen Bedingungen aufgezogen, sich völlig gegenteilig entwickeln. Wenn die Welpen sehen, hören und munter herumlaufen, meint mancher Züchter, nun seien die schlimmsten Klippen überwunden. Er ist froh, dass er sich nun nicht mehr dauernd mit ihnen abgeben muss, weil sie nun die letzten drei, vier Wochen bis zu ihrem Verkauf von selbst tüchtig fressen und wachsen. Damit hat er den Entschluss gefasst, die bis dahin ordentliche Entwicklung abrupt zu beenden."
(E. Aldington 'Von der Seele des Hundes'.)

Möglicherweise hat sich gerade dieser Hund als unverkäuflich erwiesen wegen physischer und/oder psychischer Mängel. In jedem Fall ist es ratsam, beim Hundekauf die Meinung eines Hundefachmannes einzuholen.

Es gibt Züchter, und es gibt Hundevermehrer. Die beste Orientierung über Züchter und Welpen ist erhältlich über das Buch: 'Der Hund, mit dem wir leben: Verhalten und Wesen' von Heinz Weidt. Gewisse deutschsprachiche Tierzeitungen mit einer Rubrik 'Hundemarkt' sind nicht zu empfehlen. Skrupellose Hundehändler, die Tiere aus Massenzuchtanlagen beziehen, sind stetige Inserenten.

Zusammenfassung

1. Nehmen Sie den Züchter genau unter die Lupe.

2. Schauen Sie sich die Elterntiere an, nicht deren Pokale.

3. Erwerben Sie einen Rassehund mit Ahnentafel, dann sollte dieser in der Schweiz von der SKG (Schweiz. Kynologische Gesellschaft) ausgestellt sein und bei ausländischen den Vermerk FCI (Fédération Cynoloque Internationale) aufweisen. Bei anderen Stammbäumen, mögen sie noch so vornehm aussehen, ist die Seriosität fraglich.

Manche Hundekenner, Tierärzte, Ausbilder raten Ihnen davon ab, einen Hund mit Haaren vor den Augen zu erwerben. Die Natur hat Augen geschaffen zum Sehen und nicht, dass sie mit Haaren darüber geschützt werden müssen. Hier muss von einer Art Halbblindheit gesprochen werden, die Sehfähigkeit, die Hunde besonders in der Stadt brauchen, ist stark eingeschränkt, sie erschrecken schneller und ängstigen sich mehr. Es kann zu Angstaggressionen kommen. Ausserdem möchte ich die lieben Augen meines Hundes sehen, denn sie teilen mir sehr viel über seine Stimmung und sein Befinden mit. Besitzen Sie so einen 'Beatles', haben Sie Mitleid mit ihm und schneiden Sie die Haare mit einer Schere, die vorne stumpf ist, oder lassen dies durch einen Hundecoiffeur ausführen. Rät Ihr Züchter Ihnen entsetzt davon ab, so basteln Sie ein Stirnband mit Fransen und bitten Ihren Züchter, dies nur 1 Stunde zu tragen!

Grundsätzlich sollten Sie als Hundekäufer bzw. Käuferin einen Vertrag folgender Art niemals abschliessen. Sie könnten ihn übrigens mit Erfolg rechtlich anfechten.

Verträge im Zuchtrecht:

1. Der Züchter/die Züchterin verlangt, dass eine von ihm gekaufte Hündin einmal oder öfter belegt wird und erhebt Anspruch auf einen oder alle Welpen des Wurfs/der Würfe.

2. Der Züchter/die Züchterin erhebt Anspruch auf einen oder mehrere Welpen eines oder aller zukünftigen Würfe der von ihm verkauften Hündin.

3. Der Züchter/die Züchterin verlangt, dass ein von ihm/ihr gekaufter Rüde einmal oder öfter unentgeltlich oder gegen eine entsprechende Gebühr zum Decken bereit steht.

4. Der Züchter/die Züchterin verlangt, dass die erworbenen Junghunde einmal oder öfter an Ausstellungen vorgestellt werden.

In der schweizerischen Rechtsprechung ist ein Tier noch immer kein Lebewesen, sondern eine Sache. Wer für gutes Geld eine solche 'Sache' erworben hat, kann auch bestimmen, was mit ihr geschieht. Vorausgesetzt, er tut dies unter Berücksichtigung des Schweizerischen Tierschutzgesetzes.

Eines muss jedenfalls mit aller Deutlichkeit gesagt werden: Das Züchten von Hunden ist in den meisten Fällen ein kommerzielles Geschäft. Wichtig bei der Wahl eines Hundes ist deshalb nicht der Stammbaum oder die Ahnentafel, wichtig ist vor allem die Wahl des Hundezüchters.

Ein verantwortungsbewusster Züchter kümmert sich persönlich um seine Welpen (S.21), macht sie vertraut mit den verschiedensten Vorgängen des Alltags und schätzt es, wenn der zukünftige Besitzer 'sein Hundekind' mehrmals besucht (S.22).

Für einen Welpen ist das tägliche Spiel mit anderen Hunden sehr wichtig, weil er dadurch lernt, sich zu sozialisieren und weiterzu-entwickeln.

Unser Beppeli ist ein Stadthund

Grundsätzliches über die Hundehaltung in der Stadt

Mancher Tierfreund macht sich heute Gedanken darüber, ob sich die Haltung eines Hundes in der Stadt überhaupt noch verantworten lässt. Die immer grössere Verkehrsdichte und zunehmende Wohnungsnot scheinen dagegen zu sprechen.

Und doch lässt sich die Frage durchaus bejahen, vorausgesetzt, der Halter ist sich seiner Veranwortung gegenüber dem Tier einerseits und der Gesellschaft anderseits bewusst und trägt ihr entsprechend Rechnung.

Tiergerechte Hundehaltung

Ausschlaggebend für das Wohlbefinden eines Hundes ist nicht so sehr seine Grösse oder sein Temperament, sondern das Pflichtgefühl des Halters. So ist es verantwortungslos, einen kleinen 'Sofa-Hund' in einer engen Stadtwohnung zu halten und seinen Auslauf auf das Pendeln zwischen Wohn- und Schlafzimmer zu beschränken. Anderseits kann ein 60 Kilo schwerer Artgenosse, der in die Familie einbezogen ist und täglich zwei bis drei Stunden freien Auslauf geniesst, ein glückliches Hundeleben führen. Ob die Bedürfnisse eines Hundes erfüllt sind, hängt in erster Linie von seiner Bezugsperson ab.

Unabdingbar für einen Stadthund ist seine tadellose
Erziehung zur Verkehrssicherheit, in seinem eigenen
Interesse ebenso wie in demjenigen der übrigen Ver-
kehrsteilnehmer. Verantwortlich dafür ist auschliess-
lich der Hundehalter. Das Tier weiss nicht, dass jedes Auto stärker und schneller ist als es selbst und
dass es kaum eine Chance hat, dem Ungetüm rechtzeitig auszuweichen. Jeder Hund, der nicht nerven-
schwach ist, kann aber verkehrssicheres Verhalten
lernen.

Führen Sie Ihren Hund längere Zeit beim Gang
durch die Stadt an der Leine und stoppen Sie am
Strassenrand zum Beispiel mit dem Kommando
'Halt!'. Bevor Sie die Strasse überqueren, rufen Sie
das Kommando 'gut'. Später gehen Sie mit schlei-
fender Leine, damit Sie im Notfall darauftreten und
den Hund stoppen können, zum Strassenrand, um
zu testen, ob der Hund nach dem Kommando 'Halt!'
auch wirklich stehenbleibt. Klappt dies, suchen Sie
eine verkehrsarme Strasse und üben Sie das korrekte Verhalten - diesmal aber ohne Leine. Verlangen
Sie von Ihrem Hund nicht, dass er sich hinsetzt, es
genügt völlig, wenn der Hund ruhig stehen bleibt.Im
Sommer kann der Asphalt nämlich kochend heiss
sein, im Winter eiskalt, nass oder voll Streusalz Das
konsequente Anhalten aber muss in Fleisch und Blut
übergehen, beim Meister wie beim Hund.

Hilfreich bei der Erziehung eines Stadthundes ist die
Zusammenarbeit mit einem erfahrenen Hundeerzieher oder einer erfahrenen Hundeerzieherin. Kursan-

gebote erfahren Sie beim Kantonalen Veterinäramt. Sollten nach Kursende einzelne Programmpunkte nicht perfekt sitzen - Leinenführigkeit, Appell usw. - so bitten Sie den Ausbilder um Hilfe, bis Sie ein befriedigendes Resultat erreichen.

Mit dem Hund im öffentlichen Verkehrsmittel

Eine gute Trainingsmöglichkeit, den Welpen bzw. den Jundhund an die Fahrt in den öffentlichen Verkehrsmitteln zu gewöhnen, bieten die sich meist am Stadtrand befindenden Endstationen von Bus und Strassenbahn. Da die Angestellten der städtischen Verkehrsbetriebe daran interessiert sind, wohlerzogene 'Hundefahrgäste' mitzuführen, stellen sie die während den Fahrpausen leeren Wagen zum Üben meist ohne weiteres zur Verfügung, wenn Sie ihnen erklären, was Sie vorhaben.

Beginnen Sie mit ganz kleinen Übungsschritten: Da allein das Ein- und Aussteigen für den ängstlichen Hund eine Belastung sein kann, genügt es fürs erste, ihn an die Leine zu nehmen und mit ihm in langsamem Tempo einmal durch den Wagen zu gehen und dann wieder auszusteigen. Nach ein paar Wiederholungen verliert dieses Abenteuer für den Hund seinen Schrecken.

Jetzt können Sie es wagen, eine Station weit mitzufahren, auszusteigen und gemütlich zum Ausgangsort zurückzuspazieren. Den Fortschritten entsprechend wird die Dauer der Fahrt während den folgenden Tagen verlängert. Missmutige Fahrgäste beschwichtigen Sie mit einem Lächeln!

Nun kommt die Hauptprobe: eine relativ lange Fahrt ohne Unterbrechung. Unmittelbar danach muss sich der Hund austoben können, damit er sich während der nächsten Fahrt auf das darauffolgende Vergnügen freut und die vorgängig damit verbundenen Unannehmlichkeiten besser verkraftet.

Nebenbei bemerkt: Hunde, die an die Fahrt in der Strassenbahn gewöhnt sind, werden sich auch durch eine Fahrt im Zug nicht erschüttern lassen.

Mit dem Hund im Restaurant

Eine immer wiederkehrende Konfliktsituation zwischen Hundefreunden und Hundefeinden entsteht im Restaurant. Wenn Sie mit Ihrem Hund ein Restaurant betreten, so treffen Sie in den meisten Fällen auf einige Ojeeh-Gäste. Sie flüstern den Tischnachbarn zu: „Ojeeh, jetzt ist es vorbei mit unserer Ruhe" und werfen einen schelen Blick auf Sie und Ihren Hund. Ihre Unsicherheit ist da. Ich empfehle Ihnen folgendes Verhalten:

In einem öffentlichen Lokal, also auch im Restaurant, ist der Hund immer angeleint. Dadurch müssen Sie nicht mit ihm sprechen. Besonders wenn es sich um ein junges Tier handelt, das auf die Kommandos noch nicht richtig eingeht, hat das Nicht-Sprechen zwei Gründe: erstens verwandelt man das Lokal nicht in einen Übungsplatz, und zweitens animiert das leise und das laute Sprechen einen Hund zur Unruhe, denn er will ja, dass man sich mit ihm beschäftigt, egal wie.

Wenn Sie ein Kleidungsstück ausziehen möchten, dann treten Sie mit einem Fuss auf die Leine, die auf den Boden gelegt wird. Wenn Sie sich an einen Tisch setzen, so führen Sie Ihren Hund an jenen Ort, wo er verweilen muss, und halten Sie die Leine kurz, aber locker.

Von jetzt ab darf Ihr Hund drei Dinge tun und zwei nicht: Er darf stehen, sitzen oder liegen. Sie werden sehen, dass er sich nach einiger Zeit von selbst hinlegt. Tut er es nicht, reicht die entsprechende Bewegung mit der Leine.

Zwei Verhaltensweisen sind nicht erlaubt, nämlich: Laut zu geben und an der Leine zu zerren. Beides wird sofort, wie im Kapitel *Die Leinenführigkeit* beschrieben, mit einem ruhigen Gesicht und mit heftigen Rucken an der Leine korrigiert. Der Hund ist dabei von Ihrem konsequenten Durchgreifen überrascht. Aber nicht nur er. Das hoffentlich kleine Ojeeh-Publikum wartet vergebens auf die Erfüllung der Prophezeiung, dass es mit dem Ungestörtsein vorbei sei. Denn diese Methode, richtig angewendet, funktioniert immer.

Wenn Sie sich noch unsicher fühlen, dann gehen Sie zur besuchsarmen Zeit in Ihr Stammlokal und üben Sie die Situation. Ein etwas später eintretender Bekannter, den Sie organisiert haben, tritt mit seinem Hund ein und wirkt als Reizauslöser.

Merkblatt zur Basler Hundegesetzgebung

(Auszug aus dem Gesetz und der Verordnung betreffend das Halten von Hunden)

Steuertaxen (gültig ab 1. April 1994)

Fr. 150.-- in Basel-Stadt, Fr. 130.-- in Riehen und Fr. 120.-- in Bettingen. Dazu eine Einschreib- und Zeichengebühr von Fr. 15.--. Für jeden weiteren Hund, der im gleichen Haushalt gehalten wird, (auch bei verschiedenen Haltern!) ist die doppelte Steuer (z.B. Basel Fr. 300.--) zu entrichten. Bezüger von Ergänzungs- oder Fürsorgeleistungen erhalten eine Reduktion von 70% auf die Steuertaxe (AHV- oder IV-Leistungen zählen nicht als Reduktionsgrund). Reduktionen können nur auf den ersten Hund gewährt werden.

Hunde sind ab dem Alter von 3 Monaten steuerpflichtig!

An-, Um- oder Abmeldungen müssen dem Kantonalen Veterinäramt innert 14 Tagen gemeldet werden. Für Kosten, die aus einer nicht ordnungsgemässen Abmeldung entstehen, haftet der Hundehalter.

Das Kontrollzeichen muss dem Hund am Halsband sichtbar angehängt werden.

Als Aufsichtsorgane sind die Angehörigen des Polizeikorps sowie die Mitarbeiter der Stadtgärtnerei, des Strasseninspektorates, der Gemeindeverwaltung Riehen und Bettingen bevollmächtigt, die Einhaltung der Vorschriften zu kontrollieren und gegen fehlbare Hundehalter Anzeige zu erstatten.

Das Kantonale Veterinäramt Basel-Stadt empfiehlt dem Hundebesitzer den Abschluss einer Privathaftpflichtversicherung, damit eventuelle Schäden, die der Hund verursacht, gedeckt sind (Kausalhaftung des Tierhalters, Schweizerisches Obligationenrecht, Art. 56.)

Über Fragen, die mit der Hundehaltung in Zusammenhang stehen, erteilt das Kantonale Veterinäramt jederzeit Auskunft (Tel: 322 66 55, intern 24)

Hundehaltung

Die Hundehalter sind verpflichtet, ihre Hunde so zu halten, dass die Öffentlichkeit nicht belästigt wird. Es besteht die Pflicht, den Kot seines Hundes auf öffentlichem Grund und Boden zu beseitigen. Nicht aufnahmepflichtig ist der Kot in den durch Randsteine abgegrenzten Strassenschalen (ausser an Fussgängerstreifen und Einfahrten), in den Langen Erlen (ausser auf Wegen) und in den Hundetoiletten. Landwirtschaftliche Kulturen dürfen während der Vegetationszeit nicht durch Hunde verunreinigt werden.

Hunde müssen in jedem Fall an *kurzer* Leine geführt werden

- von 22.00 Uhr bis 06.00 Uhr

- in Wirtschaften, inkl. Gartenwirtschaften und Bou-
levard-Restaurants
- in öffentlichen Verkehrsmitteln
- auf verkehrsreichen Plätzen und Strassen
- wenn für sie noch kein Zeichen gelöst wurde
- auf Anordnung des Veterinäramtes
- Hündinnen während der Brunstzeit

Für den Beppeli 'Zutritt verboten!'

Der Zutritt für Hunde ist allgemein verboten auf Kin-
derspielplätzen, offiziellen Badeplätzen, in Lebens-
mittelgeschäften, auf Obst- und Gemüsemätkten,
Kirchen, Gottesäckern, Spitälern und Sportanlagen.
Ausserdem ist es verboten, Hunde in öffentlichen
Brunnen zu baden oder baden zu lassen.

Für den Beppeli 'Zutritt erlaubt!'

Wo kein Verbotsschild aufgestellt ist, ist Hunden der
Zutritt angeleint erlaubt. Frei bewegen dürfen sie
sich in den Langen Erlen (ausgenommen im Tierpark) sowie entlang der beiden Birsufer, also auch
am rechtsseitigen, das zum Kanton Basel-Land-
schaft gehört.

In öffentlichen Verkehrsmitteln ist der Hund grundsätzlich an die Leine zu nehmen. Im Tram ist der ideale Platz für den angeleinten Hund im vorderen Teil des Anhängers.

In Basel gehören bekanntlich auch die vier Fähren zu den öffentlichen Verkehrsmitteln. Der Kleinhund gehört entweder unter die Sitzbank oder auf den Schoss. Dabei ist allerdings darauf zu achten, dass er sich in der Begeisterung mit den Pfoten nicht auf der Sitzfläche abstützt - wie auf dem obigen Foto!

In Basel sind die Taxichauffeure und Taxichauffeusen angehalten, einen Hund in Begleitung seines Besitzers bzw. seiner Besitzerin mitfahren zu lassen. Er gehört auf den Boden vor den Sitz neben dem Chauffeur. Zuerst steigt der Hundebesitzer ein und setzt sich so, dass er den angeleinten Hund zwischen seine Beine zieht und ihn dort sitzen bzw. liegen lässt.

Wenn ein Hund vor dem Restaurantbesuch Auslauf gehabt hat, wird er sich ruhig verhalten und den Gästen, besonders denen, die Hunde nicht mögen, nicht unangenehm auffallen.

Der Hundebesitzer achtet darauf, dass sein Hund auf dem Boden bleibt und dass er dessen Leine nicht am Stuhlbein festbindet, sondern dass er darauf sitzt. Er wird ferner seinen Vierbeiner dahin bringen müssen, dass er andere Hunde, die in den Raum kommen, ignoriert (vgl. Text S. 67).

Die meisten Hunde reagieren fröhlich, wenn man sich häufig mit ihnen beschäftigt und ausgiebig mit ihnen spielt.

Es ist für das Wohlbefinden eines Hundes, gleichgültig wie alt er ist, äusserst wichtig, dass er täglich Artgenossen treffen und Neuigkeiten in der 'Hundesprache' austauschen kann.

Einer der Begegnungsorte für den Beppeli sind die Langen Erlen, wo er frei herumtollen und auch in der Wiese baden kann. Im Tierpark Lange Erlen ist es möglich, bereits dem Junghund das Ignorieren von Wild beizubringen (vgl. Text S. 98). Den Betreuern des Tierparks gehört für ihr Verständnis gegenüber den Hundebesitzern ein herzliches Dankeschön.

Die meisten Hundebesitzer nehmen pflichtbewusst jedesmal den Kot ihres Vierbeiners mit dem Hundesäckchen auf und entsorgen dieses in den an manchen Orten aufgestellten Tonnen mit der Aufschrift 'Hunde-Abfall'. Dort, wo diese Tonnen fehlen, sollten Säckchen nicht auf den Grünflächen liegengelassen werden, da sie nicht verrotten.

Der Hund in der Gesellschaft

Der Hund hat eine soziale Funktion

Zuweilen haben Menschen gesundheitliche Bedenken bei der Anschaffung eines Hundes. Doch die gesundheitlichen Risiken im Umgang mit einem Hund sind gering. Es ist erwiesen, dass Haustiere die Lebenserwartung des Menschen verlängern. Hunde verhelfen ihm zu mehr Bewegung im Freien, was zu einer besseren körperlichen Verfassung beiträgt. Das physische und psychische Wohlbefinden werden mit dem Halten eines Hundes gefördert, besonders psychisch Kranke werden erfahrungsgemäss in Gesellschaft eines Hundes schneller gesund, oder sie sind zumindest in der Lage, ihr Leiden besser zu ertragen.

Die obigen Ausführungen decken sich mit den Ansichten des Ethologen Dr. Thomas Althaus.

Es gibt Menschen, die die Haltung von Hunden als überflüssig ansehen und sich bei einer Begegnung aufregen. Meiner Meinung nach wird der Ärger über unsachgerechte Hundehaltung dramatisiert.

Guterzogene Hunde sind das stärkste Argument gegen eine hundefeindliche Einstellung. Schlecht erzogene Hunde sind oft ein Hinweis darauf, dass der Hundehalter beziehungsweise die Hundehalterin mit sich selbst Probleme hat.

Wenn der Hund von unserer Gesellschaft, sprich vom Staat, als Luxusgegenstand bewertet wird, dann ist dies meines Erachtens ungerechtfertigt. Besonders stossend ist die Tatsache, dass nach der Gesetzgebung noch heute ein Tier, eben auch ein Hund, als Sache gilt. In erster Linie ist doch der Hund ein beseeltes Wesen, das dem Menschen als Haustier besonders eng verbunden ist und seine Zuwendung braucht.

Allzu schnell wird da vergessen, wo überall der Hund dem Menschen dient: als Polizei-, Zoll-, Militär-, Nachtwächter-, Sanitäts-, Lawinen-, Fährten-, Katastrophen- und Blindenhund, und nicht zu vergessen ist seine Rolle als treuer Familienbegleiter. Unrühmlich ist der Missbrauch von Hunden in Versuchslaboratorien.

Hunde können bei Kindern und Jugendlichen eine wichtige pädagogische Funktion erfüllen, dadurch dass sie die Rücksichtnahme, Hilfsbereitschaft und das Verantwortungsgefühl fördern. Auf natürliche Weise kommt ein Kind mit Lebenserscheinungen wie Geburt, Tod, Krankheit und Sexualität in Berührung. Während der Pubertät kann der Hund dem Jugendlichen eine Hilfe sein, die unausgeglichene Gemütslage zu meistern. Ich glaube, wenn Hunde in der Stadt keinen Platz mehr haben, ist auch kein genügender Lebensraum für Kinder mehr vorhanden.

Von der zunehmenden Vereinsamung in unseren Städten sind vor allem alte Menschen betroffen. Ein Hund kann die Einsamkeit und das Gefühl des Verlorenseins lindern. Mancher alte Mensch muss keinen Platz im Altersheim beanspruchen, weil er dank

seines Hundes eine Aufgabe besitzt und eine Verantwortung trägt, die ihn aktiv erhält. Und natürlich
werden durch einen Hund auch menschliche Kontak-
te erleichtert.

Nicht alle Menschen mögen Hunde

Viele Hundebesitzer haben Mühe, mit der negativen
Kritik aus der Öffentlichkeit fertig zu werden. Wenn
auch diese oder jene Kritik berechtigt ist, wird dadurch oft nur von echten Problemen abgelenkt, etwa
von jenem, das uns die Umweltzerstörung bereitet.

Es gibt Zeitgenossen, die ewig mit sich selbst unzu-
frieden sind. Anstatt an sich zu arbeiten, 'arbeiten'
sie an den Mitmenschen. Sie beschimpfen beispielsweise übermütige Kinder im Tram. Oder sie legen
sich mit den ewig störenden Hundehaltern an. Solche Menschen verstehen sich als eine Art Privatpoli-
zei. Ihr Mut zum Eingreifen ist gegenüber einer Frau
mit Hund um einiges grösser als gegenüber einem
kräftigen Mann mit Hund. Sie sind auch nicht selten
die Verfasser von Leserbriefen über das Thema
'Hundehaltung'.

In vielen Städten wurde einiges getan, um die Be-
seitigung von Hundekot zu vereinfachen. Die 'Ent-
sorgungs-Diszilpin' der meisten Hundehalter ist gut.
Gleichwohl wurden bedauerlicherweise Freiräume
für Hunde stark eingeschränkt.

Ich empfehle, wenn immer möglich, ungerechte An-
schuldigungen zu überhören und mit den Kritikern

keinen Streit anzufangen, denn dies ist ja ihr Ziel. Diesen Vorsatz fasse ich jeden Morgen. Ich reibe mich mit einem geistigen Oel ein, das alle Angriffe wie Wasserperlen an mir ablaufen lässt. Dies ist viel einfacher, als es sich anhört, denn unser Vierbeiner hält uns dabei in guter Laune!

Auch Drogenabhängige haben Hunde

Wo Wärme ist, gibt es Kälte. Verurteilen ist nicht schwer, helfen aber sehr! Christliche Gedanken wären da angebracht. Junkies, manche mit dem Mangel an menschlicher Wärme aufgewachsen, haben es in unserer Gesellschaft nicht leicht. Wer nach Bestrafung ruft, was meiner Meinung nach deplaziert ist, sollte sich darüber im klaren sein, dass Drogenabhängige bestraft genug sind:

Ein Hund ist oft ihr einziger Kamerad. Mensch und Hund führen zusammen eine Art Nomadenleben. Für den Hund ist dies ein paradiesischer Zustand. Zugegeben, die Sitten sind zuweilen rauh, doch wäre es verfehlt, menschliche Vorstellungen von Komfort und Wohlbefinden auf den Hund zu projizieren. Viele Hunde, auch sogenannte 'etablierte' Hunde, schlafen draussen und erhalten eine einfache Kost, was ihnen gesundheitlich eher besser bekommt als geheizte Räume und denaturierte Industrienahrung. Was 'etablierten' Hunden aber oft fehlt, ist der Kontakt zu ihren Artgenossen. Genau der aber ist für einen Vierbeiner Gold wert. Junkie-Hunde leiden nicht an Einsamkeit und nicht an Langeweile, 24 Stunden lang nicht.

Weshalb gehorchen die Hunde von Drogenabhängigen so gut? Sie kommen sofort, wenn sie gerufen werden, und spazieren leinenlos mit ihren Besitzern, steigen in ein Fahrzeug, gehen in eine 'Beiz' usw. Es sieht aus, als wolle so ein Duo den Kritikern zeigen: Wir sind nicht gerne angebunden! Um herauszufinden, wie Junkies dies fertigbringen, gesellte ich mich - und das war nicht ganz einfach - zu ihnen.

Der Erziehungsablauf geht folgendermassen vor sich: Nachdem sich Mensch und Hund getroffen haben, entsteht schnell eine starke Bindung, weil sie 24 Stunden lang zusammen sind. Nun praktizieren die Junkies, was in den meisten Büchern über Hundeerziehung steht: Wenn Du Deinem Pluto rufst, so lauf ihm auch davon. Ein Hund muss von Anfang an lernen, seinem Menschen nachzulaufen. Wenn er nicht aufpasst und sich später verirrt, wird er von den andern Junkies, wenn ihm keine Gefahr droht, ignoriert. Das ist ein ungeschriebenes Gesetz. Diese Methode, konsequent angewendet, gelingt praktisch bei jedem Hund, besonders wenn er noch jung ist. Meist wird durch das Nachlaufen-Lassen auch das Thema Leinenführigkeit gelöst, weil der Hund nie in die Lage versetzt wird, sein 'Alpha' aus lauter Freiheitsbedürfnis durch die Gegend zu ziehen. Dadurch bleibt der Hund auch halssensibel.

Gerechterweise muss ich anmerken, dass ich sehr wohl die Problematik sehe, wenn ein drogenabhängiger Mensch zeitweise nicht in der Lage ist, für seinen Hund zu sorgen.

Der Drogenspürhund

Um es gleich vorweg zu sagen: Dass Drogenspürhunde selbst drogenabhängig sind, ist ein Märchen!

Zur Zeit sind etwas über 60 Schweizer Drogenspürhunde im Einsatz. Sie haben im vergangenen Jahr (1993) 'Stoff' im Wert von über sieben Millionen Franken aufgespürt.

Dass vor allem der Labrador-Retriever als Drogenspürhund ausgebildet wird, hat nichts damit zu tun, dass er eine noch feinere Nase als andere Rassen hätte, sondern mit seinem ausgeprägten Spieltrieb, der ihn zum Arbeiten motiviert.

Mit der Ausbildung wird bereits beim Junghund begonnen. Wenn er etwa vier Monate alt ist, jagt er mit Haschisch präpariertem Spielzeug hinterher. Man verwendet anfangs Haschisch, weil es am intensivsten riecht. Wichtig dabei ist, dass der Hund nie mit dem Stoff in direkte Berührung kommt!

Nach einiger Zeit wird das Spielzeug vor den Augen des Hundes versteckt. Durch Bellen und Scharren zeigt der Junghund den Ort an und wird sogleich mit Spielen belohnt. Später muss der Hund das Spielzeug allein finden. Beherrscht er dies, werden die Spielzeuge mit Heroin oder Kokain, zwei viel schwächer riechenden Drogen, präpariert. Als etwa Einjähriger wird er auf seine Fähigkeiten hin geprüft. Wenn er besteht, darf er für Haschisch-Einsätze verwendet werden.

Ein halbes Jahr später erfolgt die Eignungsprüfung, die jährlich wiederholt wird. Die Schweizer Drogenfahndung ist froh über die Einsatzmöglichkeit der vierbeinigen 'Schnüffler vom Dienst'.

Der Milieu-Hund

Gewisse Zuhälter und einige Prostituierte halten sogenannte Kampfhunde, mit denen sie imponieren und manchmal auch agieren. Diese Tiere sind meist schlecht sozialisiert und können für andere Hunde und für Menschen gefährlich werden. Das ist auch der Grund, weshalb in Einzelfällen von offizieller Stelle Leinenzwang angeordnet wird.

Hunde, die im Milieu leben, haben in der Regel wenig Auslauf und wenig Begegnungen mit anderen Hunden. Als billige Privatpolizisten führen sie ein eher artfremdes Leben.

Vom Hundeerzieher verlangen Zuhälter oft die sogenannte 'Mannarbeit'. Der verantwortungsbewusste Hundeerzieher wird dieses Begehren allerdings strikte ablehnen und versuchen, als Berater die Situation zu entschärfen.

Einige Prostituierte halten Zwerghunde. Sie lieben sie und vermenschlichen sie ab und zu. Der Auslauf besteht darin, dass sie die Tierchen ein- bis zweimal pro Tag um den Häuserblock führen, wobei sie die Runde nicht einmal vollenden, sondern unterwegs in eine Sekt-Bar verschwinden. Andere 'Damen' trippeln die Strasse auf und ab, bis ihr Chou-Chou sein

Geschäftchen gemacht hat, und bringen ihn dann ins Appartement zurück, wo sie ihrem Beruf nachgehen.

Dass im Milieu die Hunde zu 'Problemhunden' werden, ist zwangsläufig. Das aufklärende Gespräch, dies zu vermeiden, ist die einzige Möglichkeit. Verbote nützen nichts, nicht zuletzt, weil die Hundebesitzerinnen und -besitzer ihren Arbeitsort auch oft wechseln.

Der Hund zu Hause

Ob wohl der auf der folgenden Seite abgebildete Norwich-Terrier sein erstes Weihnachtsfest unter dem Baum geniesst oder ob er sich lediglich auf den Glastisch gelegt hat, weil dieser kühl ist? Eines ist sicher: Er ist kein unüberlegtes Überraschungsgeschenk, denn dafür eignen sich Hunde nicht!

Die Kuvasz-Hündin 'Lady' und die Airedale-Hündin 'Momo' geniessen es offensichtlich, dass sich ihr Besitzer bzw. ihre Besitzerin auch daheim mit ihnen abgibt.

Hunde helfen mit, dem Menschen das Altwerden zu erleichtern. Sie erfüllen somit eine gesellschaftliche Funktion und werden neuerdings als 'Therapeut' eingesetzt.

Der Besuch des Hundeerziehers mit einer Gruppe von Hunden und deren Besitzern bzw. Besitzerinnen löst daher immer grosse Freude aus.

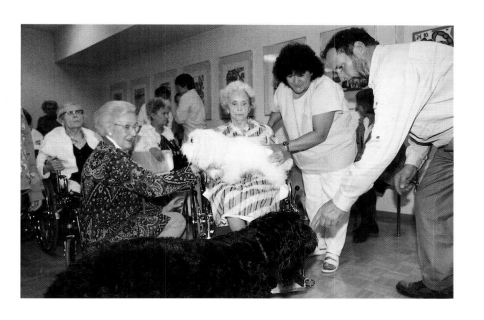

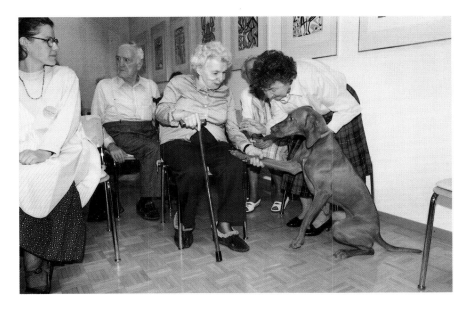

An den Begegnungsorten für Hunde treffen sich auch die Menschen.

Die Welpenerziehung

Vorbemerkung

Ein Welpe ist im Grunde genommen ein kleiner Kulturwolf, der sich an die menschlichen Wertvorstellungen und an das menschlich-gesellschaftliche Verhalten anpassen soll. Wir erwarten von ihm, dass er in kurzer Zeit all unseren Anforderungen gerecht wird und auf vieles verzichten lernt, was *er* gerne hätte oder machen möchte. Wir müssen uns bewusst sein, dass keine unserer Forderungen für den Hund logisch verständlich ist.

Viele Menschen sehen in ihrem Hund fast ein menschliches Wesen: Er schaut doch so klug, er versteht alles ganz genau, und ein schlechtes Gewissen kann er auch haben, das sieht man ja deutlich. Wenn er einmal zufällig etwas gekonnt hat, sollte er es auf unseren Befehl immer wieder tun können. Macht er es nicht, so hat er einen Setzkopf und verweigert absichtlich, um uns zu ärgern. Solche Irrtümer sind immer noch weit verbreitet. Sie veranlassen die Menschen zu emotionellen, teilweise ungerechten Fehlhandlungen, die sich negativ auswirken. Das Tier kann desorientiert, unsicher oder auch aggressiv werden.

Die menschlichen Worte sind für den Hund 'Chinesisch', Tonfall und Gestik können allenfalls verständlich sein. Wenn wir freundliche Worte laut und aggressiv aussprechen, so reagiert er mit eingezogenem Schwanz. Auf ihn ausscheltende Worte, die wir in sanftem Ton sagen, reagiert er wedelnd, und dies lebenslänglich.

Wie bringen wir dem Beppeli 'gutes Benehmen' bei?

Zunächst müssen wir uns bewusst sein, dass ein Welpe, gleich wie der erwachsene Hund, 'jenseits von Gut und Böse' ist und deshalb an seinem Verhalten niemals Schuld hat und somit nichts durch Strafe sühnen kann.

An Stelle von Strafe setzen wir ein klares 'Nein' sowie den Entzug von Lob und Belohnung. Auch sanfte 'Umweltfallen', auf die noch einzugehen sein wird, gehören dazu.

Zu beachten ist: ein ängstlicher Welpe, Junghund oder erwachsener Hund ist nicht erziehbar. Dieser ungünstige Seelenzustand sollte zuerst mit einem erfahrenen Kynologen behoben werden. Unterstützend helfen dabei die Essenzen der Bachblüten.

Als nächsten Schritt erziehen wir den Hund in unserem Kopf, d.h. wir überlegen und notieren - nach entsprechender Beratung und Lektüre von Fachliteratur - unsere Ziele. Wir lassen die einzelnen Vorgänge in unseren Gedanken ablaufen. Wir nehmen uns vor, bei jeder Übung ruhig und konsequent zu sein, und erinnern uns immer wieder daran, dass sich der Hund an Tonfall, Mimik und Gestik schnell orientieren kann, Worte aber nur nach längerem, gezieltem Üben mit bestimmten Handlungen zu verknüpfen vermag.

Wir setzen Grenzen und errichten Tabus

Die erste Grenze, die wir unserem Welpen setzen, besteht darin, dass er nur dort seine Exkremente absetzen darf, wo wir es für richtig halten: nicht im Haus, nicht in überbauten Gebieten, nur im Rinnstein oder in der Hundetoilette. Falls er es draussen anderswo tut, haben wir ein Säckchen dabei.

Kaut der Welpe an Schuhen, Büchern, Teppichen usw., was ganz normal ist, denn er hat ja keine Wertvorstellungen, schlagen wir mit Getöse den angekauten Gegenstand (niemals den Hund), so dass er ab sofort mit diesem Ding, das eine solche Reaktion hervorruft, nichts mehr zu tun haben will.

Man soll den Beppeli nicht schütteln!

Es gibt immer noch Menschen, die glauben, ein Tier könne sich schuldig machen und man müsse es wie einen Menschen strafen. Sie verwechseln beispielsweise die Demutsstellung, die ein Hund einnimmt, wenn der Mensch aus für ihn unverständlichen Gründen aggressiv wird, als Schuldbekenntnis. Ein Beispiel: Der Hund braucht keine irdischen Güter, ausser Nahrung. Er zerbeisst eine WC-Papier-Rolle genauso wie ein Bündel Tausender Noten. Alles gehört ihm. Auch alle Nahrung, die er erwischen kann, gehört ihm. Der Hund verhält sich gemäss dem Naturgesetz. Somit kann ein Hund nie stehlen, sich also auch nicht schuldig machen.

Natürlich wollen wir Menschen Unerwünschtes verhindern. Dies erreichen wir beim Hund über sogenannte 'Umweltfallen'. Der Hund wird erfahren, dass
seine Handlung Unangenehmes auslöst. Einige Beispiele sind in diesem Buch erwähnt. Werden solche
für einen Hund unangenehmen Erlebnisse mit einem
scharfen 'Nein' von Menschenseite begleitet, kann
man bald einmal auf die Umweltfallen verzichten,
das 'Nein' genügt.

Will der Hund zum Beispiel auf der Allmend etwas
für ihn Unverträgliches aufnehmen, ergreife ich ihn
ruhig und nehme ihm mit einem 'Pfui' den Gegenstand aus der Schnauze. Dann verklopfe ich diesen
schimpfend, oder ich zerstampfe ihn sogar. Natürlich
ist dieses Vorgehen anstrengend, aber es lohnt sich.
Sie imponieren Ihrem Hund!

Eine Hundemutter - unsere Hunde sind ja fast alle
Halbwaisen - verhält sich so: Wenn ein Welpe mit
ihr spielt und dabei übermütig wird, sie an Lefzen
und Ohren zu fest zieht, dann zieht sie die Lefzen
hoch und bleckt die Zähne. Reicht dies nicht für ein
Ablassen, knurrt sie dazu. Hat der Welpe immer
noch nicht verstanden, schüttelt sie ihn und wirft ihn
meist weg. Jetzt hat der Kleine gelernt, was Blecken
und Knurren bedeuten. Unser 'Pfui' und 'Nein' müsste dieselbe Wirkung haben

Übrigens: Falls Ihr Hund Sie in seinem Kampfspiel-
fieber zu grob bedrängt, reicht ein kräftiger, kurzer
Klemmgriff in die Wange, verbunden mit einem
energischen 'Nein'.

Mein Wunsch als Hundeerzieher: Sehen Sie im Hund nie ein schuldiges Wesen. Schütteln oder schlagen Sie - ausser im obgenannten Fall - Ihren Hund nie. Der Lohn dafür sind ein ungestörtes Vertrauensverhältnis und treue Hundeaugen, die lebenslänglich zu Ihnen aufschauen.

Beppeli lernt die Stadt kennen

Nehmen Sie den Welpen an alle denkbaren Orte mit und lassen Sie ihm Zeit, neue Situationen kennenzulernen. Zeigt er sehr oft Angst, besprechen Sie mit dem Hundeerzieher die Möglichkeiten, wie diese Angst abzubauen ist.

Die meisten Welpen und Junghunde fühlen sich zunächst unsicher in der fremden Umgebung. Ein besonders ängstliches Tier führt man zuerst an einen ruhigen Platz in der freien Natur spazieren und unterhält sich mit gleichbleibend monotoner, unpersönlicher Stimme mit ihm. Zuviel Zärtlichkeit und Trost empfindet es als Lob und kann sich dadurch in seinem ängstlichen Verhalten bestärkt fühlen. Es ist deshalb wichtig, seine Unsicherheit scheinbar einfach nicht zur Kenntnis zu nehmen.

Als nächstes bietet man dem Hund einen kleinen Leckerbissen an: verschmäht er ihn, fühlt er sich noch gar nicht wohl in seiner Haut. Nimmt er ihn dagegen an, beginnt sein Stimmungsbarometer zu steigen. Möglicherweise wird der junge Hund jetzt ruhiger und ist sogar einem kurzen Spiel nicht abgeneigt. Danach bricht man die Lektion ab.

Anfänglich wiederholt man diese Übung jeden zweiten Tag und steigert sie allmählich, indem man immer belebtere Plätze dafür aussucht. In den dazwischenliegenden Tagen bereichert man die Mahlzeiten des Welpen oder Junghundes mit 'Tafelmusik': während er frisst, hört er die verschiedensten Stadtgeräusche ab Tonband, zuerst leise, dann allmählich lauter. Er muss dabei entspannt bleiben und weiterfressen. Beginnt er sich zu verkrampfen, nimmt man die Tonstärke zurück.

Die Leinenführigkeit

Wenn ein Hund an der Leine zieht, übernimmt er die Führerrolle. Er ist nicht eingeordnet. Bei einem solchen Hund lässt meistens der Gehorsam auch in anderer Beziehung zu wünschen übrig. Denn: Zug erzeugt Gegenzug!

Da der gesunde Hund sich in normalen Situationen im Trab vorwärtsbewegt, wir aber im Gehen, stemmt er sich nach ein paar Schritten ganz automatisch in die Leine. Unsere Reaktion: Wir ziehen zurück. Das aber ist für den Vierbeiner eine klare Aufforderung, noch stärker zu ziehen, denn er kann nicht begreifen, warum er nicht ziehen soll. Was er aber begreifen kann, ist, dass das Gehen an durchhängender Leine für ihn angenehm und der Ruck, den sein Ziehen auslöst, unangenehm ist.

Machen Sie anfänglich nur kurze Leinenspaziergänge. Loben Sie Ihren Hund, wenn er läuft, locken Sie ihn, wenn er bremst. Schleppen Sie ihn nie! Halten

Sie ihm eher Futter vor die Nase und geben Sie der Leine einen leichten, kurzen Ruck. Bleiben Sie geduldig. Die Lauffreudigkeit wird sich während den nun immer etwas ausgedehnteren Spaziergängen von Woche zu Woche steigern.

Die beiden folgenden Übungen können helfen, Ihrem Hund die richtige Leinenführigkeit beizubringen:

1. Übung

Der Hals eines Hundes verträgt viel. Für das An- oder Umlernen der korrekten Leinenführigkeit sollten Sie ein dünnes Halsband oder ein Ketteli verwenden. Ihre Arme lassen Sie locker am Körper hängen. Sie dürfen nie dem Zug der Leine nachgeben, bis die Arme ausgestreckt sind, denn in dieser Haltung können Sie Ihren Hund nur zurückziehen, und dies hat die oben erwähnte Folge.

Wenn nun die Leine gespannt ist, schnellt die Hand blitzartig vor und zurück. Dem Hals wird ein Ruck versetzt. Sie lassen sofort wieder nach, damit die Leine wieder durchhängt. Dieses Durchhängen der Leine ist wichtig, weil Sie andernfalls ja dem Tier selber erneut das Signal zum Ziehen geben! Wenn also der Hund zieht, bekommt er keinen Gegenzug, sondern einen seiner Grösse, seinem Alter und seiner Sensibilität entsprechenden Ruck zu spüren.

Wenn Ihr Hund auf einen einzigen Ruck nicht reagiert, versuchen Sie es mit einer Serie. Aber vergessen Sie nicht: Zwischen jedem Ruck muss die Leine kurz durchhängen. Schütteln Sie nicht nur den Arm, oder bewegen Sie die Leine nicht bloss etwas auf und ab. Der Hund ist übrigens, wenn immer möglich, mit der linken Hand zu führen. Die rechte wird zum Begrüssen von Mitmenschen, für das Hantieren mit dem Hausschlüssel usw. gebraucht.

Bei jedem neuen Ziehversuch wiederholen Sie die Übung. Es gilt auch hier: Je konsequenter Sie sind, desto seltener werden Sie diese Korrektur anwenden müssen. Sie lernen so, sofort zu reagieren, und Ihr Hund wird diese neue Gangart akzeptieren, weil Sie ihn aus dem Konzept werfen.

Falls Sie nach der Übung der Arm schmerzt, empfehle ich Ihnen, täglich eine Anzahl Liegestützen mit Lockerungsübungen zu machen. Wenn Ihnen dies keine Hilfe ist, sollten Sie sich fragen, ob Ihnen Ihr Hund nicht eine Nummer zu gross ist!

2. Übung

Bis es so weit ist, dass Sie mit Ihrem Hund bei durchhängender Leine spazieren gehen können, ist es ratsam, wenn Sie mit ihm täglich zwei bis drei Minuten den Befehl 'Fuss!' üben. Sie gehen von der 'Sitz'-Stellung aus einige Schritte vorwärts und wenden dann nach links oder rechts im rechten Winkel. Sie helfen dem Hund, wenn Sie vor dem Wenden das Kommando 'Fuss!' geben. Korrekturen nehmen Sie mit den oben beschriebenen Rucken vor.

Ihr angeleinter Hund sollte lernen, andere Hunde beim Begegnen oder Kreuzen zu ignorieren, und zwar aus folgenden Gründen:

- ein angeleinter Hund kann kein artgerechtes

Begrüssungszeremoniell ausführen
- er darf Sie beim Wahrnehmen eines andern
  Hundes nicht in dessen Richtung ziehen
- ein Hund, der zu ignorieren gelernt hat, bleibt im
  Restaurant oder andernorts, wo er sich ruhig
  verhalten muss, still.

Wenn sich zwei Hundebesitzer begegnen, verlangen
beide von Ihrem Vierbeiner das Kommando 'Sitz!'.
Hunde, die das Ignorieren gelernt haben, ermöglichen ihren Besitzern die Begrüssung mit Hand-
schlag, ohne dass Leinen, Hunde und Menschen
sich ineinander verwirren.

Das Ignorieren

Das Ignorieren wird dem Hund folgendermassen
beigebracht: Beim Kreuzen korrigieren Sie Ihren
Hund sofort mit einem energischen Ruck, sobald er
sich für den fremden Hund zu interessieren beginnt.
Loben und belohnen Sie ihn, wenn er ruhig am Artgenossen vorübergegangen ist. Wenn der Hund korrekt an der Leine geht und Schwanz und Ohren
freudig trägt, ist dies der sichtbare Hinweis auf die
erfolgreiche Hundeerziehung.

Der Appell (Das Zurückkommen auf Ruf)

Grundsätzlich ist zu sagen, dass der Welpe vom
ersten Tag an so viel wie möglich frei laufen sollte
(natürlich nicht im Strassenverkehr), denn hier setzt

die 'unsichtbare Leine' ein, d.h. der Welpe schliesst sich nach dem Verlust von Mutter und Geschwistern sofort an Sie an, läuft Ihnen instinktiv nach und will Sie nicht verlieren. Also lernt er in *passiver Erziehung* das Nachlaufen. Zu langes Gehen an der Leine empfindet er als Zwang. Druck oder Zug erzeugen Gegendruck oder Gegenzug: Wir lehren ihn so das Ziehen an der Leine, was sicher nicht unserer Absicht entspricht.

Ein weiterer Grundsatz ist: Rufen und locken Sie Ihren Hund immer freundlich, bei seiner Ankunft loben und belohnen Sie ihn. Selbst wenn er einmal lange nicht zurückgekommen ist und Sie vielleicht wütend sind, lassen Sie es Ihren Hund nicht spüren. Er würde den Tadel auf das gerade Geschehene, das Zurückkommen, beziehen und nicht auf das Fernbleiben. Alles, was Sie aufgebaut haben, würde dadurch gefährdet.

Welches sind die *günstigen* Momente, um den Hund zurückzurufen?

- wenn er die Richtung zu Ihnen eingeschlagen hat
- wenn er unentschlossen ist
- wenn er eine Handlung unterbrochen hat.

Die *ungünstigen* Momente, den Hund zu Beginn der Erziehung zurückzurufen, sind:

- wenn er mit einem anderen Hund spielt
- wenn er mit einem Hund Kontakt schliesst (beschnüffeln)
- wenn er einem interessanten Geruch folgt.

1. Die Kontaktübung

Übung mit dem Seil (vgl. Kapitel *Die Leinenführigkeit*): Entfernen Sie sich etwa um Seillänge von Ihrem Hund.

Rufen Sie jetzt deutlich seinen Namen. - Falls nötig, geben Sie ihm mit dem Seil einen kleinen Ruck.

Wenn er zu Ihnen kommt, erhält er eine kleine Futterbelohnung aus der Hand, die Sie aber ganz nah an Ihrem Körper behalten, damit er lernt, den Abstand zu Ihnen möglichst klein zu halten.

Vermeiden Sie jedes weitere Wort, wenn er auf dem Weg zu Ihnen ist. Sie würden ihn dadurch nur unnötig verwirren.

Durch diese Übung stellt sich beim Klang des Namens ein Reflex ein. Die Aufmerksamkeit des Hundes richtet sich sofort auf Sie. Später kann diese für weitere Kommandos genutzt werden.

Die Übung ist anfänglich mindestens 10 mal pro Tag zu machen, und zwar bei für den Hund immer schwieriger zu bewältigender Ablenkung (Orte und Situationen verändern!).

Wenn die Übung erfolgreich verläuft, wird sie kontinuierlich, aber nicht zu schnell wieder abgebaut. Je nach Grösse des Tieres muss die Menge des Belohnungsfutters von der Tagesration des Normalfutters abgezogen werden.

2. Die Appellübung

Ein Helfer hält den Hund am Halsband. Sie selbst haben sich die Leine um den Hals gelegt und halten Ihrem Vierbeiner einen Belohnungshappen an die Nase. Dann entfernen Sie sich rasch 20 bis 30 Meter. Sie bleiben stehen und rufen deutlich den Namen des Hundes und das Kommando 'komm!'. Nachdem Sie Ihren Hund gerufen haben, lässt ihn der Helfer los. Wenn nun Ihr Hund angerast kommt, ist folgendes zu beachten:

- Sie strecken beide Hände etwas vor (Sichtsignal),
- dann ergreifen Sie mit der leeren Hand ruhig das Halsband.
- Mit der anderen Hand geben Sie dem Hund ein Belohnungshäppchen.
- Mit der nun freigewordenen Hand ergreifen Sie die Leine und leinen den Hund an.
- Wenn das geschehen ist, führen Sie Ihren Vierbeiner zum Helfer zurück, damit Sie die Übung wiederholen können, zwei- bis dreimal. So lernt der Hund nach dem Namensaufruf (Reflex) das Kommando 'komm!'.

Wie machen Sie es, dass Ihr Hund lieber zu Ihnen kommt, als dass er zu fremden Passanten oder zu anderen Hunden geht?

- Loben Sie ihn immer fröhlich, und belohnen Sie ihn, auch wenn es einmal länger dauern sollte, bis er macht, was Sie von ihm verlangen.
- Schimpfen Sie nie mit ihm, wenn er fortgeblieben ist, denn er bezieht Ihre Reaktion auf das Zurückkommen, nicht auf das Fernbleiben.

- Rufen Sie ihn nicht nur, wenn er unbedingt kommen sollte, sondern öfters, nur um ihn zu loben, zu belohnen und wieder in die Freiheit zu schicken. Während einem einstündigen Spaziergang rufen Sie ihn etwa 10 mal, leinen ihn aber nur 1 mal an.
- Wenn Sie ihn rufen, tragen Sie die Leine stets um den Hals gehängt, sonst erkennt er bald das Signal: Leine in der Hand bedeutet: Ich werde angeleint, Schluss mit Schnüffeln oder Spielen, Ende der Freiheit.
- Verlangen Sie am Anfang, wenn er zurückkommt, nicht von ihm, dass er sich hinsetzt (kein Kommando 'Sitz!'), weil er sonst als erstes eine Einschränkung statt eine Freude erlebt, da er ja die Belohnung erst erhält, nachdem er das Kommando befolgt hat.

3. Der Futterappell

Diese Ausbildungstechnik kann auch bei älteren Hunden angewendet werden.

Besorgen Sie sich eine gut hörbare Pfeife (keine lautlose Hundepfeife). Am besten eignet sich eine Downpfeife, wie sie Jäger benützen.

Während zwei Wochen pfeifen Sie vor jeder Mahlzeit kurz, genau in dem Augenblick, wenn sie dem wartenden Hund die Futterschüssel hinstellen.

Nach ein paar Tagen pfeifen Sie 1 mal zwischen den Fütterungen, um zu prüfen, ob sich der Pfeif-Reflex eingestellt hat. Wenn der Hund kommt, wird er mit einem Extra-Häppchen belohnt.

Ist das Ergebnis gut, lassen Sie ihn mindestens 24 Stunden lang fasten. Sie bieten ihm nur genügend Wasser an.

Am darauffolgenden Tag verpacken Sie seine Alltagsration, die Sie vorher so angefeuchtet haben, dass Sie kleine Klumpen bilden können, in eine Bauchtasche. Denn nun füttern Sie Ihren Hund nur während des Spaziergangs, in kleinsten Portionen und nur, wenn er dem Pfiff oder Ruf folgt. Die Futtermenge teilen Sie so ein, dass Sie am Ende des Spaziergangs aufgebraucht ist.

Die meisten Hunde kommen spätestens nach zwei Tagen verlässlich zu Ihnen. Sollte Ihr Hund betteln, zeigen Sie ihm die leeren Hände und sagen 'nein'. Denken Sie daran, dass Sie während der Woche, in der Sie draussen füttern, Ihrem Vierbeiner weder im Haus noch sonstwo etwas geben!

Während der zweiten Woche verlegen Sie die Fütterung allmählich wieder ins Haus. Am ersten Tag geben Sie beispielsweise 4/5 der Ration unterwegs und 1/5 zu Hause.

Mit dieser Methode werden Sie, wenn Sie sie genau nach Anleitung und konsequent durchführen, Erfolg haben. Falls Ihr Hund auf den Appell nach einer gewissen Zeit nachlässig reagiert, wiederholen Sie die Übung.

Die Befehle Sitz! - Platz! - Bleib!

Sitz!

Dieser Befehl ist das geeignete Beispiel, um die passive Erziehungsmethode zu erläutern, die wir beim Welpen sooft wie möglich anwenden sollten.

Passive Methode: (d.h. Befehl immer erst dann geben, wenn der Hund im Begriff ist, es zu tun). Man stellt sich ganz nah zum Hund, wartet und, sobald er anfängt, sich zu setzen, kommt der Befehl 'Sitz!'. Anschliessend ruhig loben. Selbstverständlich sind im Vergleich zur aktiven Methode mehr Wiederholungen notwendig, bis eine Verknüpfung von Befehl und Handlung eintritt, aber wir haben ja Zeit, mit dem Welpen zu üben.

Aktive Methode: (d.h. durch manuelle Einwirkung den Befehl befolgen lassen) Die Leine wird beim Befehl 'Sitz!' mit der rechten Hand sanft hochgezogen, nach etwa 5 Sekunden drücken die Fingerspitzen der linken Hand auf die Kuppe (zwischen den Hüftgelenken), so dass der Hund sich setzen *muss*. Dann loben Sie ihn.

Platz!

Passive Methode: Der ruhig neben Ihnen sitzende Welpe wird sich bald hinlegen. Genau in dem Moment geben wir den Befehl 'Platz!' und loben ihn mit einem ruhigen 'Brav'. Nach einiger Zeit veranlassen wir ihn zum Aufsitzen.

Aktive Methode: Die linke Hand hält den sitzenden Hund an kurzer Leine. Die rechte Hand hält ihm einen Futterbrocken vor die Nase, geht mit dem Futter senkrecht zu Boden, verschiebt sich dann langsam um eine Hundebeinlänge nach vorne, so dass der Hund sich nach dem Futter streckt und sich dabei legt. Genau in diesem Augenblick sagen Sie 'Platz!' und geben die Futterbelohnung. Mit einem ruhigen, leisen 'Brav' und eventuell ganz vorsichtigem Streicheln auf dem Rücken fixieren Sie den Hund etwa 15 Sekunden in dieser Position, um ihn dann wieder in die Sitzstellung zu holen. Steht er auf, so unterbrechen Sie die Übung und beginnen nochmals. Ist die Übung gelungen, wiederholen Sie sie am Anfang am gleichen Tag nicht mehr.

Bleib!

Erst wenn der Welpe dem Befehl 'Platz!' korrekt nachkommt, können Sie es mit dem Kommando 'Bleib!' versuchen. Anfänglich treten Sie um einen Schritt ganz ruhig seitlich weg. Mit der Zeit steigern Sie auf vier Schritte. Ein Aufstehen des Hundes vermeiden Sie durch Ihre langsamen Bewegungen und ihr beschwörendes 'Bleeeiib!'. Vermeiden Sie den direkten Augenkontakt mit Ihrem Hund und die Erwähnung seines Namens, denn beides lockt ihn zu uns her. Steht der Hund trotzdem auf, bleiben Sie ruhig und treten eine Zeitlang wieder nur noch einen einzigen Schritt weg. Bei der Rückkehr nicht sofort loben, etwa 5 Sekunden ruhig neben dem Hund verharren. Dann setzen Sie den Welpen sanft auf und loben ihn.

Anspringen verboten!

Warum springt ein Hund eigentlich hoch? Aus dem Schnauzenstoss des Welpen an die Mundwinkel der Mutter, die darauf Futter herausgibt, entwickelt sich der symbolische Schnauzenstoss bei der Begrüssung, um Liebe, Anhänglichkeit und auch Unterwerfung auszudrücken. Nun ist leider unsere 'Schnauze' sehr weit oben, so dass der Hund gezwungen ist hochzuspringen, um sein normales Verhaltensritual ausführen zu können. Also beugen wir uns beim Begrüssen immer zum Hund hinunter oder gehen in Hockestellung und halten ihn bei intensivem Streicheln auf seinen vier Beinen.

Stehlen verboten!

Der Ausdruck 'stehlen' ist so lange nicht angebracht, als wir dem Hund nicht klargemacht haben, dass nicht alles Essbare, was er findet, ihm gehört. Es liegt in der ererbten Verhaltensweise des Hundes, alles Essbare, was er erwischen kann, sofort zu verschlingen.

Erste Massnahme: Führe mich nicht in Versuchung! Oder behalte die Versuchung wenigstens im Auge!

Falls der Welpe schon Lebensmittel auf dem Tisch erreichen kann, stellen wir ihm eine sogenannte 'Umweltfalle'.

Ein Würstchen wird an einer dünnen Schnur festgemacht, an deren Ende mehrere zusammengebundene Büchsen befestigt sind. Die Schnur hat in der Mitte, zwischen Wurst und Büchsen, eine rund 10 cm grosse Schleife, so dass er beim Entwenden der Wurst nicht sofort Widerstand spürt. Wenn nun der Welpe das Würstchen wegträgt, poltern die Büchsen kesselnd zu Boden. Der Hund erschrickt und lässt das 'Diebesgut' fallen. Der Vorteil dieser Umweltfalle: Der Strafreiz geht vom Gegenstand selber aus. Der Hund lernt gewissermassen aus 'natürlichen' Konsequenzen seines Verhaltens. Vielleicht braucht es zwei bis drei Fallen in verschiedenen Situationen, aber niemals darf der Hund beim Herrichten der Falle anwesend sein!.

Betteln verboten!

Ihr Hund lernt sehr schnell, dass er nicht betteln darf, wenn Sie und Ihre Familie die notwendige Konsequenz aufbringen, Ihrem vierbeinigen Gefährten nie einen Leckerbissen vom Tisch zu geben. Sollten Sie dazu nicht in der Lage sein, so tragen Sie die Konsequenzen!

Der Beppeli wird stubenrein

Die Bedeutung von Kot und Urin

Fremde Sekrete bedeuten für den Hund notwendiges und unterhaltsames 'Zeitungslesen'. Seine eigenen Ausscheidungen sind genau so wichtig. Sie haben für ihn einen wohlriechenden Geruch. Deshalb haben Hunde keine emotionalen Empfindungen wie die Menschen, wenn Kot und Urin dort ausgeschieden werden, wo sie nicht hingehören.

Schimpfen und Strafen im Zusammenhang mit der Kot- und Urinausscheidung sowie mit dem daran Schnüffeln, einem sozialen Verhalten, führen zu einem tiefgreifenden Missverständnis zwischen Mensch und Hund.

Warum macht der Beppeli ins Haus?

Da der Welpe die Schliessmuskeln der Blase und des Darmtraktes noch nicht vollständig kontrollieren kann, muss er die Wohnung verschmutzen, wenn er nicht, je nach Alter und Aktivität, im Abstand von ein bis zwei Stunden ausgeführt wird.

Oft werden Welpen in kleinen Räumen aufgezogen, in denen die Böden mit Tüchern und ähnlichem belegt sind. Ein Teppich erscheint ihnen als ganz normaler Ort für die Darm- und Blasenentleerung.

Wenn ein Tier zu lange und zu viel allein ist, stauen sich Verlassenheitsgefühle, Erregung und Ängste. Dies aktiviert die Darmtätigkeit. Der Welpe verspürt den Drang zum Entleeren.

Für die Darm- und Blasenentleerung im Haus können auch Nieren- oder Blasenprobleme die Ursache sein. Die Abklärung muss in einem solchen Fall vom Tierarzt vorgenommen werden. Möglicherweise ist der Grund für das Problem aber die Unverträglichkeit eines bestimmten Futters.

Der Fress- und Trinkplan

Legen Sie die Fütterungszeiten nach Alter- und Familienrhythmus fest und halten Sie ihn bis zur Stubenreinheit des Hundes genau ein. Geben Sie im Haus keine 'Zwischendurch-Häppchen'!

Der Fressplan für Welpen könnte beispielsweise so aussehen:

8. - 12. Woche:
8.00 Uhr, 11.00 Uhr, 14.00 Uhr und 17.00 Uhr
ab 12. Woche:
8.00 Uhr, 12.00 Uhr und 17.00 Uhr

Stellen Sie, wenn nötig, auch einen Trinkplan auf, denn ein Welpe trinkt oft aus Langeweile.

Bieten Sie das Wasser aber nie unmittelbar nach dem Fressen an. Ein Verdauungsreflex veranlasst den Welpen, nach dem Fressen und Trinken Darm und Blase zu entleeren.

Ein Zeitplan hilft

Notieren Sie jedesmal, wenn 'es' passiert ist und zeichnen Sie aufgrund dieser Daten eine Kurve. So lassen sich Zeitpunkte nach dem Füttern, Schlafen, Spielen usw. herausfinden. Dabei kann man gleichzeitig auch das *Wo* in den Griff bekommen, indem man den Hund zu den kritischen Zeiten an den gewünschten Ort führt (Strassenschale, Hunde-WC). Wenn er sein Geschäft verrichtet hat, loben Sie ihn.

Im ganz extremen Fall, wenn Ihr Hund sein Geschäft prinzipiell nie im Freien macht, so kann anfangs mit Hilfe eines weichen, eingefetteten Pflanzenstils, der vorsichtig in den After eingeführt und ein- bis zweimal hin und her gedreht wird, oder mit einem passend zugeschnittenen Glyzerinzäpfchen das Versäubern am gewünschten Ort ausgelöst werden. Schliessen Sie während den Wachphasen zur besseren Kontrolle die Türen, damit der Welpe ständig mit der Aufsichtsperson im gleichen Raum ist.

Die Kontrolle in der Nacht

Ist der Welpe in der Nacht nicht sauber, sollte man ihn kontrollieren. Am besten weisen Sie ihm einen Schlafplatz im Schlafzimmer zu, nahe bei Ihrem Bett, damit Sie jeden Versuch, sich zu versäubern, rechtzeitig bemerken und Sie ihn an den dafür vorgesehenen Ort bringen können. Wenn Sie ein Tiefschläfer sind, empfiehlt es sich, die Schlafstelle so zu plazieren, dass Sie Ihren Welpen am Bettpfosten oder am Handgelenk anbinden können. Legen Sie Schuhe und Mantel für den ersten Versäuberungsgang am frühen Morgen bereit.

Sollten Sie aus persönlichen Gründen Ihren Hund nicht im Schlafzimmer dulden, binden Sie ihn an seinem Schlafplatz fest, denn den eigenen Schlafplatz wird er kaum verunreinigen. In diesem Fall müssen Sie den Welpen allerdings sehr früh am Morgen ausführen, damit er nicht gezwungenermassen sein Geschäft in der Wohnung verrichtet.

Reinigen der 'Unglücksstelle'

Für die Hundemutter ist es natürlich, ihre Welpen nach dem Säugen durch Lecken zur Entleerung zu stimulieren, um dann die Exkremente fein säuberlich wegzulecken. In den Augen des Welpen ersetzen wir die Mutter, und unser Aufwischen bedeutet für ihn, dass es gut und richtig war, was er getan hat. Darum werden Sie die 'Bescherung' ignorieren und ihn beim Reinigen *nie* zusehen lassen.

Verwenden Sie zum Reinigen der 'Unglücksstelle' Essig- oder Salmiakwasser, damit der sonst zurückbleibende Geruch der ausgeschiedenen Exkremente nicht dazu animiert, dieselbe Stelle noch einmal zu benutzen.

Lernen Sie, die Anzeichen erkennen!

Erwarten Sie von Ihrem Welpen nicht, dass er sich in jedem Fall unmissverständlich bei Ihnen meldet, wenn er sich versäubern muss. Oft lassen sich nur durch genaues Beobachten die Anzeichen wie Unruhe, vermehrtes Hecheln, ständig dem Besitzer folgen usw. erkennen. Bei manchen Hunden bleiben diese Anzeichen allerdings während des ganzen Lebens minimal.

Missverstädnisse und Ängste

Wenn ein Welpe nach einiger Zeit immer noch nicht sauber ist, so ist es vermutlich einfach nicht gelungen, ihm verständlich zu machen, was man von ihm will. Schimpfen und Schlagen verwirren das Tier noch mehr und drängen es, sich seelisch und organisch drinnen zu erleichtern. Der Teufelskreis ist perfekt.

Ein selbstsicherer Hund will seine Existenz draussen markieren. Dieser Wunsch beginnt bereits beim älteren Welpen.

Bestimmt kommt es vor, dass Sie Ihren ängstlichen Welpen für eine gewisse Zeit allein lassen müssen. Plazieren Sie ihn in diesem Fall in einer Boxe, die für ihn wie eine Höhle wirkt, in der er sich geborgen fühlt. Zu viele Geräusche, Bewegungen oder unbekannte Gerüche können den Welpen, der mit einem viel besseren Gehör- und Geruchssinn ausgestattet ist als wir Menschen, belasten. Wer im Einsperren das Freiheitsempfinden des Hundes verletzt sieht, projiziert menschliche Massstäbe auf den Hund. Denn verlassen fühlt er sich als Rudeltier so oder so. Er wird sich aber in einer 'Höhle' wohler fühlen als in einer grossen verlassenen Wohnung.

In der Stadt gehört auf belebten Strassen der Hund immer an die Leine. Vor dem Überqueren eines Fussgängerstreifens stoppt der Hundebesitzer und gibt dem Hund das Kommando 'warten!' - Wenn die Strasse frei ist, erfolgt die Aufforderung zum Überqueren beispielsweise mit dem Wort 'gut'.

Das Arbeiten mit dem Schleppseil ist eine gute Methode, einem 'Ausreisser' den Appell beizubringen. Wenn ein Hundehalter Bedenken hat, seinen Hund frei laufen zu lassen, hat er mit dem Schleppseil die Möglichkeit, das Vertrauen in seinen Vierbeiner aufzubauen.

Wenn ein Hund gelernt hat, richtig an der Leine zu gehen, ist es einem Hundehalter durchaus möglich, gleichzeitig mit mehreren Hunden durch die Stadt zu bummeln.

Die Fotos auf den Seiten 86 bis 88 dokumentieren das korrekte Ausführen der wichtigen Übungen Sitz! - Platz! - Bleib!

Wie gewöhne ich meinem Hund das Verfolgen ab?

Wo wir hinsehen, wird heute die Natur verdrängt. Meist wird sie nur gerade da noch geduldet, wo sie dem Menschen in irgendeiner Weise dient, etwa zur Ausübung seiner Freizeitaktivitäten. Das Platzangebot wird zunehmend geringer, so dass in den übernutzten Naherholungsgebieten zu manchen Zeiten ein Gedränge herrscht wie beim Feierabendverkehr in der Stadt. Wer im heutigen hektischen Berufsleben unter Stress leidet, versucht, diesen mit Freizeitstress auszugleichen; denn: Sport ist gesund! Erschöpfte Jogger fühlen sich von aerodynamischen Radfahrern überrollt - die - selbst von Rollbrettfahrern gejagt - echte 'Zickzack-Künstler' sein müssen. Und zu alledem kommt noch der Schrecken aller Freizeitsportler: der Hund!

Von Erholung und Vergnügen keine Spur! Ängste, Ärger und Verbote sind die Folgen. Da gibt es nur eines: Wer sich in ein Freizeitvergnügen stürzen will, muss sich auch mit den Konsequenzen und vor allem mit der Frage nach der Toleranz auseinandersetzen.

Das bedeutet für Dich, lieber Hundebesitzer, liebe Hundebesitzerin, meinen Verfolgungsdrang in den Griff zu bekommen. Aber wie? Jedesmal, wenn ein Jogger, Velofahrer oder Reiter vorbeikommt, jage ich kläffend hinterher. Dein Rufen und Schreien erreicht mich überhaupt nicht, was Dir graue Haare wachsen lässt. „Nehmen Sie gefälligst Ihren Hund an die Leine!", tönt es von weitem. Damit findet mein toller Spaziergang auf einmal nur noch an der Leine statt, an der es gar nicht mehr spannend ist.

Bei allen Hunderassen und Mischlingen ist das Verfolgen von Lebewesen (ausser von Wild) oder Fahrzeugen meistens eine Jagdkompensation. Bin ich nicht bereits als Welpe an diese 'Pseudo-Opfer' gewöhnt worden oder ist mein erster Jagdversuch nicht massiv genug unterbunden worden, kannst Du mir dieses Verhalten nicht mehr mit Appellübungen, das heisst: mit einer hundsgewöhnlichen Hundeschulung abgewöhnen. In diesem Fall musst Du bei mir ganz spezifisch eingreifen.

Das Verfolgen von Joggern

Beginnen wir beim gestressten Jogger, damit sein Herzklopfen nicht plötzlich aus dem Rhythmus gerät:

1. Möglichkeit: Du führst mich angeleint an Deiner linken Hand. In der rechten Hand trägst Du nahe an Deinem Körper - für mich nicht sichtbar - eine 1 Meter lange, bleistiftdicke Rute. Fixiere ich den herankommenden und wieder entschwindenden Jogger mit meinem Blick, zwickst Du mich hinter Deinem Rücken einmal auf den Hinterschenkel. Gleichzeitig sagst Du in normaler Tonlage und Lautstärke 'nein'. Wiederhol diese Übung ein- bis zweimal. So bekomme ich den nötigen Respekt vor den an mir vorbeilaufenden Menschen. Denk bitte daran, dass dieser Rutenzwick zu Erziehungszwecken sehr wohl angebracht ist, aber nie die Form eines Schlages

annehmen darf. Als nächsten Schritt befestigst Du in Gegenwart eines Joggers eine 5 bis 10 Meter lange Schnur oder ein Seil an meinem Halsband und lässt es mich lose am Boden schleifen. Überkommt mich der Verfolgungstrieb, trittst Du sofort auf das Seil, ergreifst es und beorderst mich mit einem kräftigen Ruck zurück. Im Normalfall sollte ich ein Meideverhalten bekommen, das heisst mein Verfolgungstrieb schwindet.

2. Möglichkeit: Hat diese Methode bei einem so hartnäckigen Hund, wie ich einer bin, keinen Erfolg, bitte jemanden aus Deinem Bekanntenkreis als Statist behilflich zu sein. Diese Person sollte keine Hemmungen zeigen, die Rute zu benützen, denn der Zwick ist, wie erwähnt, eine erzieherische Massnahme. An einer vereinbarten Stelle rennt der fingierte Jogger mit der 'unsichtbaren' Rute an uns vorbei. Jage ich ihm hinterher, zwickt er mich im richtigen Augenblick, also wenn ich ganz nahe zu ihm aufgeschlossen bin, emotionslos auf die Brust. Dies muss blitzartig geschehen. Danach läuft der Jogger wortlos weiter. Im selben Moment ruftst Du 'nein' zu mir. Wenn ich zu Dir zurückgekommen bin, lobst Du mich.

Diese Übung darf natürlich nur durchgeführt werden, sofern ich nicht aggressiv gegen Menschen bin. Bei einem Hund mit hohem Kampftrieb hätte dieses Manöver verheerende Folgen. Handelt es sich um einen zartbesaiteten Kollegen von mir, kannst Du die Rute auch durch ein Wurfgeschoss ersetzen. Du bereitest eine zu einem Fünftel mit Steinen gefüllte Blechdose vor, die je nach Empfindlichkeit trifft oder daneben geht, wenn er Anstalten macht, hinter dem Jogger herzujagen.

3. Möglichkeit: Wenn meine Verfolgungsgelüste noch im Anfangsstadium sind oder wenn meine Wesensart eher weich ist, kannst Du mit mir auf Jogger zugehen. Lass mich los und dräng mich hartnäckig, den Läufer zu verfolgen, indem Du mir 'spring', 'geh' oder etwas ähnliches zurufst. Wenn ich stutze und durch Dein unerwartetes Benehmen unsicher werde, wenn ich gar versuche, Deinem Druck seitlich auszuweichen oder wenn ich mich ganz in Deine Nähe dränge, hast Du den gewünschten Erfolg erreicht.

Wiederhol diese Übung etwa drei- bis viermal, bis mir Deine Reaktionen derart unangenehm sind, dass ich versuche, Dich zu beschwichtigen. Nach diesen Erfahrungen ist es mir nämlich gründlich vergangen, den 'flüchtenden Zweibeinern' nachzurennen. Wesentlich leichter lässt sich diese Übung mit Helfern aus Deinem Bekanntenkreis durchführen als mit fremden Menschen, die nur schwer für einen solchen Versuch Verständnis aufbringen könnten. Habe ich aber erfasst, was Du von mir willst, so ruf mich jedes Mal ab, wenn Du einen Jogger siehst, und lob mich für mein neu erlerntes Verhalten.

Zusammenfassung: Ein Jogger sollte seinen Sport unbehelligt ausüben können. Ein paar Rutenzwicke, die der Hundebesitzer oder eine Vertrauensperson ausführt, sind für den Hund das kleinere Übel als Fusstritte oder Knebelhiebe, die ihm ein gehetzter Jogger verabreicht, der ja nicht wissen kann, ob der Hund zubeisst oder nicht. Die Hunde selber wissen es auch nicht, denn einige verlieren bei diesem

'Vergnügen' mit der Zeit ihre Beisshemmung. Schon der erste Schnapper ist zu viel und für den Betroffenen unangenehm. Ein solches Verhalten verursacht Hundegegner und später übertriebene Verbote.

Das Verfolgen von Autos

Wenn Du mir das Verfolgen von Autos verleiden willst, suchst Du Dir einen Fahrer, der sein Fahrzeug gut beherrscht. Vorteilhaft wäre jemand, der einen Transporter oder einen Kombiwagen besitzt. Für unser Experiment wählst Du eine verkehrsarme Strasse. Nun fährt der Chauffeur samt Beifahrer an mir vorbei. Ich werde von Dir lediglich an den beiden Enden einer Schnur gehalten, die Du durch mein Halsband gezogen hast. Wenn Du das eine Ende loslässt, kann ich ungehindert diesem komischen Blechtier nachrennen. Es ist ebenfalls möglich, dass Du mich von Anfang an dem Auto frei begegnen lässt. Wenn ich die Verfolgung aufnehme, wirft der Beifahrer aus dem Auto einige leere, zusammengebundene Konservenbüchsen nach mir, die einen fürchterlichen Lärm machen, so dass ich zünftig erschrecke. Die Büchsen sind an einer 5 bis 10 Meter langen, starken Schnur befestigt und schleifen nach dem Wurf noch scheppernd eine Zeitlang hinter dem Auto her. Das Ende der Schnur muss aber unbedingt in den Händen des Werfers sein, so dass sie bei einer Verwicklung sofort losgelassen werden kann. Wenn ich nahe am Auto bin, kann mich auch eine kalte Dusche aus dem Wassereimer abschrecken.

Wenn ich Dir üblicherweise schon gut gehorche und Autos nur verfolge, wenn Du weit weg bist, gibt es noch eine andere Möglichkeit, mich davon zu kurieren: Jemand, der mir vertraut ist, geht mit mir spazieren. Wenn ich dann das 'bestellte' Auto jage, lässt mich der Lenker absichtlich ganz nahe herankommen. Dann bremst er abrupt, so dass ich fast darauf renne. Blitzartig steigst nun *Du* aus dem Wagen und schimpfst mich lautstark aus. Ich verstehe die Welt nicht mehr, dass nun plötzlich *Du* da bist und so mit mir schimpfst. Nach diesem Erlebnis ist mir die Lust gründlich vergangen, diesen unheimlichen, lärmenden Blechkisten nachzujagen.

Das Verfolgen von Velos und Motorrädern

Wenn ich Velos und Motorräder verfolge, kannst Du bei mir die gleichen Korrekturmethoden anwenden, wie wenn ich Joggern nachjage. Weil alles schneller vor sich geht, musst Du als Hundeführer und Dein 'bestellter' Velofahrer etwas mehr Schnelligkeit und Geschicklichkeit beweisen, sonst stürzt am Ende der Velofahrer, was ich als Erfolg für mich verbuchen kann. Und gerade das willst Du ja vermeiden!

Mit Klebstreifen und einem Faden befestigst Du die mit Steinen gefüllte Büchse so am Fahrzeug, dass sie mit einem Ruck abgerissen und geworfen werden kann. Wegen der hohen Unfallgefahr ist das therapeutische Hetzen auf Velos und Motorräder, wie es beim Jogger-Verfolgen beschrieben wurde, nicht zu empfehlen.

Das Verfolgen von Pferden

Wenn Du mir das Verfolgen von Pferden abgewöhnen willst, hast Du es nicht leicht. Denn es sind in diesem Fall drei verschiedene Lebewesen mit ihren Empfindungen beteiligt. Ich, der Hund, als 'Jäger', das Pferd als meine 'Beute' und der Mensch als Reiter, der entweder auf meiner 'Beute' sitzend oder auf dem Boden stehend meinen Jagdtrieb zu stoppen versucht und daher eine Menge zu tun hat: Als Reiter ist er bei meinem ungestümen Erscheinen damit beschäftigt, sein Tier am Durchgehen zu hindern und mich gleichzeitig zu vertreiben, ein Balanceakt im wahren Sinne des Wortes, denn wenn es schief geht, kann es sein, dass sich der Reiter auf der Erde wiederfindet. Als Reiter, der sich auf dem Boden bewegt, hat er ebenfalls an zwei Orten zu tun, nämlich mich zu verjagen und gleichzeitig sein flüchtendes Tier zu beruhigen oder einzufangen. Du siehst, Hund und Pferd können recht abenteuerliche Situationen auslösen, wenn sie nicht aneinander gewöhnt sind.

Wenn ich ein Hund bin, der bereits Pferde verfolgt hat, kannst Du mein Verhalten nicht mehr nur mit Appellübungen korrigieren. Zuerst musst Du mich lehren, an der Leine zu gehen, wie es im Kapitel *Die Leinenführigkeit* beschrieben ist. Führ mich, wenn ich an der Leine gehen kann, während dem Spaziergang in die Nähe von Pferden, aber lass mich unter keinen Umständen bellen. Zu Beginn bin ich natürlich neugierig auf diese grossen Tiere, die so schnell flüchten. Mit der Zeit verliere ich aber das Interesse, weil sie mir vertraut sind. So lerne ich, ihre Nähe zu akzeptieren, oder ich ignoriere sie. Wenn Du freundlich fragst, sind bestimmt manche Reitclubs damit einverstanden, dass Du mit mir diese Übung machst, denn auch Reiter halten Hunde und besitzen ein Verständnis für Dein Anliegen.

Mein zweiter Lernschritt besteht darin, dass ich in der Nähe von Pferden ein langes Schleppseil hinter mir herziehe. Dabei musst Du mich aber ständig unter Kontrolle haben. Wenn ich ausprobieren möchte, ob diese grossen Tiere vor mir flüchten, und losrenne, musst Du unverzüglich mit dem Fuss aufs Seil treten oder mit einer schnellen Handbewegung dem Seil einen scharfen Ruck geben und energisch 'nein' sagen. Wenn ich auf diese Weise lerne, dass Pferde nicht zum Jagen da sind, sondern dass ich sie in Ruhe lassen soll, kannst Du mich näher und näher an die Pferde heranbringen und die Seil-Länge verkürzen. Durch Deinen starken Führungswillen hast Du mir klar gemacht, dass es für mich angenehmer ist, mich Deinem 'Nein' zu fügen, statt Pferde zu verfolgen.

Wenn ich nun einer von der ganz hartnäckigen Sorte bin, so ist ein dritter Schritt nötig, um mich von meinem Vorhaben abzubringen: Zerr ich bereits beim Sichten von Pferden wild an der Leine, so bindest Du vorher das eine Ende eines entsprechend langen Seils an einen Baum, einen Pfahl oder ein stehendes Auto und das andere an mein Halsband. Dabei bin ich mit leichtem Zug an der Leine und sollte von Deinen Vorbereitungen möglichst wenig mitbekommen. Das Seil sollte so lang sein, dass es etwa 15 Meter vor dem Reitweg endet. Nun befreist Du mich von der Leine und sagst 'nein'. Ich will auf die Pferde losstürmen, doch mit einem plötzlichen Ruck werde ich gestoppt, ohne mein Ziel zu erreichen. Aus eigenem Antrieb bin ich so in eine unangenehme Falle geraten. Diesen 'Trick' musst Du allerdings sehr sorgfältig ausführen. Vor allem solltest Du darauf achten, das sich das vorgängig in Ringe gelegte Seil beim Abwickeln nicht verstrickt. Ob Du am Seil eine Spannfeder befestigst, um den Ruck etwas zu mildern, liegt bei Dir.

Denk daran, dass es Pferde gibt, die ausschlagen. Wenn du mir das Pferdeverfolgen nicht abgewöhnst, könnte ich einmal von einem Hufschlag getroffen werden. Ob ich diesen dann unbeschadet verkrafte, ist fraglich.

Das Verfolgen von Wild

Wo es Wild hat, beispielsweise am Waldrand oder im Wald, gehöre ich grundsätzlich an die Leine oder Roll-Leine, auch wenn es mir eigentlich nicht passt und ich lieber im Wald herumstöbern möchte. Wenn Du es gut beherrschst, kannst Du mich auch an ein Schleppseil nehmen.

Es wäre traurig, wenn ein Beutetier durch einen Beutegreifer wie mich zu Tode käme. Schliesslich bekomme ich ja bei Dir zu Hause mein Fressen und jage nicht aus Hunger, sondern aus Veranlagung. Es könnte sein, dass ich ein Wildtier verletze und dieses tagelang durch den Wald irrt, bevor es elend zugrunde geht. Tragisch ist, wenn bei einer derartigen unnötigen Jagd zum Beispiel Jungtiere von ihrer

Mutter getrennt werden oder Wildtiere in eine Gegend vertrieben werden, wo sie nicht hingehören.

Es ist keine Entschuldigung, dass solche schlimmen Vorkommnisse eher selten sind und das Wild weit mehr durch den Motorfahrzeugverkehr, den Freizeitsport, Mähmaschinen und chemische Gifte oder Monokulturen gefährdet ist.

Einem Hund das Jagen von Wild abzugewöhnen, ist die schwierigste aller Unterbindungskünste. Es ist von grossem Vorteil, wenn Du mich als Welpe oder Junghund angeleint zu öffentlichen Tiergehegen - zum Beispiel in die Langen Erlen - sowie in die Nähe von Wild bringst, und zwar mit guter, das heisst lockerer Leinenführung. Dabei lehrst Du mich, das einzelne Tier zu ignorieren. Die ausgestellten Tiere sind Hunde gewohnt und flüchten deshalb nicht. Das baut meine Jagdpassion ab. Was nicht flüchtet, reizt mich nicht und spricht meinen enormen Bewegungsdrang nicht an.

Wie erwähnt, gehöre ich in der Nähe von Wild an die Leine. Wenn ich aber entdeckt habe, wie ich ausreissen und selbständig im Wald wildern kann, so kannst Du folgendes unternehmen:

1. Möglichkeit: Aus der Metzgerei besorgst Du in einem Gefäss etwa 3 dl Blut. Wenn die Jahreszeit passt, ist Blut von Wild ideal. Das Gefäss sollte ein kleines, verschliessbares Loch besitzen. Such eine gemähte Wiese oder eine unbenützte Weide und teile das Gebiet ein. Während ich angeleint bin, gehst Du mit mir eine kürzere Strecke und lässt mich dann frei, und zwar so, dass ich auf die Blutspur

aufmerksam werden muss. Diese Spur hast Du vorher so angelegt, dass ungefähr alle 70 cm ein Tropfen Blut am Boden liegt. Wenn ich nun der Route folge, rufst Du mich *einmal* in gemässigtem Ton. Vermutlich kümmere ich mich aber nicht darum und gehe weiter. Am Ende der Spur, wo viele Tropfen liegen, verweile ich und suche die Fortsetzung. Nun rufst Du mich ein *zweites* Mal. In diesem Moment rasseln viele zusammengebundene Büchsen von hoch oben auf mich oder direkt neben mir herunter, wodurch ich natürlich erschrecke. Dein Helfer schimpft mit mir. Jetzt rufst Du mich ab und lobst mich kurz. Der Helfer kann mich entweder auf einem Baum sitzend erwarten oder er kann die über dem Zielort baumelnde 'Büchsenfalle' mit Hilfe einer langen Schnur aus dem Gebüsch bedienen. Dein Helfer sollte sich bei diesem 'Überfall' allerdings nicht von mir entdecken lassen. Achte darauf, dass ich seinen Geruch nicht mit dem Wind in die Nase bekomme. Diese Korrekturmethode solltest Du an verschiedenen Orten so lange wiederholen, bis ich mich von der Blutspur von Dir abrufen lasse. Sie erfordert eine exakte Vorbereitung, Einsatzfreude und vorgängig viele Appellübungen.

2. Möglichkeit: Du kannst eine Tierpuppe aus einem ungereinigten Hasenfell basteln, die an einer Schnur von einem ersten Ort zu einem zweiten gezogen wird. Wenn ich das Pseudo-Wild gesichtet habe, lässt Du mich frei, damit ich mein 'Opfer' hetzen kann. Am Ziel empfängt mich wieder der 'Büchsenregen'. Bin ich allerdings ein hartnäckiger Jäger, den der Dosenschreck nicht beeindruckt, sondern im Gegenteil ermuntert, meine 'Beute' totzuschütteln, musst Du mit entsprechender Härte eingreifen.

Das Teletaktgerät, das Elektroimpulse aussendet und hauptsächlich zur Ausbildung von Jagdhunden dient, gehört nur in fachgeschulte Hände. Mit diesem Hilfsmittel kann viel Missbrauch getrieben werden. Es gehört nicht in den Einsatz von aufbauenden Erziehungsarbeiten.

Ein echter Tierfreund liebt alle Tiere, auch jene im Wald. Ihr Leben und ihre Gesundheit sind ihm wichtiger als die kurz befristete Freiheit seines Hundes.

In der Schweiz dürfen Hunde, die wildern und deren Besitzer deswegen mehrmals verwarnt worden ist, von autorisierten Personen abgeschossen werden.

Ich empfehle, über politischen Einfluss dahin zu wirken, dass es wieder mehr natürliche Jäger, wie den Luchs und den Wolf für das Wild gibt. Das ist in der Schweiz an verschiedenen Orten möglich. Eine solche Populationsregulierung von Beute und Beutegreifern hätte zur Folge, dass die gejagten Tiere eine bessere Deckungs- und Fluchtstrategie entwickeln könnten. Dadurch hätten sie wieder eine faire Chance, zu entkommen und ihr Leben zu verteidigen.

Wie einem Hund das Verfolgen von Joggern abzugewöhnen ist, wird auf den Seiten 90ff. beschrieben. Ideal wäre es, wenn der Hundebesitzer seinen Beppeli zum Joggen mitnimmt. Dadurch sind für den Vierbeiner Jogger etwas 'Normales'.

Pflege, Gesundheit, Fütterung

Das Fell

Das tägliche Bürsten des Fells ist nur bei langhaarigen Hunden ein Muss, bei natürlichem Stockhaar oder ganz kurzem Haar ist es nicht notwendig. Gleichwohl empfiehlt es sich, das Tier schon vom Welpenalter an ab und zu mit einer weichen Bürste liebevoll, aber konsequent durchzubürsten, damit es von kleinauf lernt, sich am ganzen Körper behandeln zu lassen.

Stadthunde sollten von Zeit zu Zeit mit einem feuchten Frotteetuch abgerubbelt werden, damit die Haare von den Abgas-, Russ- und Schmutzpartikeln befreit werden.

Riecht das Fell schlecht, ist es fettig oder voller Schuppen, nützt das Waschen mit Shampon wenig, denn nach ein paar Tagen ist der alte Zustand wieder da, der eine gesundheitliche Störung anzeigt. In der warmen Jahreszeit handelt es sich oft um den Anfang eines Hitze-Ekzems. Hunde, die dafür anfällig sind, bringt man besser durch den Sommer, wenn man anstelle von Gersten, Weizen usw. (diese Getreidearten sind auch meistens in der Vollnahrung enthalten) Hirse und Vollreis füttert.

Der Haarwechsel

Um den Haarwechsel etwas zügiger über die Runden zu bringen (Teppiche!), kann man den kurzhaarigen Hund, wie den Dalmatiner, Beagle usw. mit feuchten Gummihandschuhen kräftig durchrubbeln. Dem stockhaarigen bis langhaarigen Hund kann man mit einem Läusekamm aus Horn, der in Drogerien erhältlich ist, die Unterwolle auskämmen. Es gibt Leute, die sich aus der Unterwolle ihres Hundes einen Pullover stricken!

Die Augen, Ohren und Zähne

Sie brauchen normalerweise keine spezielle Pflege. Allerdings sollte man einem Hund schon im Welpenalter zu Übungszwecken regelmässig in die Ohren und in den Rachen schauen. Der Tierarzt und das Tier werden es Ihnen danken, wenn im Ernstfall die Behandlung ruhig und ohne Angst vor sich gehen kann.

Der Durchfall

Die ersten Massnahmen bei Durchfall sind:
1. Den Hund fasten zu lassen, denn Nahrung zu verdauen, ist für den Verdauungstrakt, der aus irgendeinem Grund erkrankt ist, eine Belastung. Es wäre dasselbe, wenn Sie mit hohem Fieber einen 50 Kilo-Sack schleppen müssten.

2. Dem Hund genügend zum Trinken zu geben, und wenn er schon als Welpe ab und zu leichten Tee vorgesetzt bekommen hat, wird er auch ohne weiteres schwachen Kamillentee trinken.

Der Wurmbefall

Lassen Sie Ihren Hund nicht unbesehen regelmässig entwurmen, sondern bringen Sie eine Kotprobe zum Tierarzt. Falls das Tier Würmer hat, kann es mit entsprechenden Mitteln behandelt werden. Unpasteurisierte Sauermilch-Schonkost hilft mit, dass sich die Darmflora nach der Kur schnell wieder erholt.

Die Pfoten

Für die Pfoten unserer Stadthunde hat sich in den letzten Jahren ein 'Winterproblem' etwas gemildert: das Streusalz. Zum Glück wird heute nicht mehr so eifrig gestreut. Trotzdem gibt es immer noch Perioden mit Salzmatsch, während denen das vorsorgliche Einfetten der Pfoten (Vaseline genügt) vor dem Ausgang sinnvoll ist, genauso wie das Waschen der Pfoten bei der Rückkehr. Dieselbe Behandlung ist auch in den Winterferien angezeigt, wenn der Schnee hartgefroren ist.

Verletzungen

Meist vertrauen wir den Kräften, die ein gesundes Tier aufbringt, damit eine Verletzung von selbst heilt, viel zu wenig. Wenn ein Hund eine Wunde leckt, die nicht genäht werden muss - nach meinen Erfahrungen müsste nicht so oft genäht werden -, dann hält er sie dadurch weich und offen. Allfällige Fremdkörper und Schmutzrückstände können mit Wundsekreten nach aussen transportiert werden, und die Wunde kann von innen her heilen.

Durch täglich zweimaliges Auswaschen oder Baden im Ringelblumenaufguss (Calendula wirkt entzündungshemmend und bildet sehr feines Narbengewebe) kann man die Heilung beschleunigen. Es empfiehlt sich, Stellen, die nicht geleckt werden können, täglich drei- bis viermal auszuwaschen, damit die Wunde nicht zu schnell verkrustet.

Bei einer stark blutenden Wunde kann man, wie beim Menschen, mit einem flachen, festen Gegenstand und einem Tuch oder Schal dem Hund einen Druckverband anlegen, bis man tierärztliche Hilfe gefunden hat.

Bachblüten-Notfalltropfen

Ein grossartiges Hilfsmittel, das in jeder Haus- und Reiseapotheke wertvolle Dienste leisten kann, sind Bachblüten-Notfalltropfen. Bei Unfällen geben Sie zwei bis drei Tropfen ins Maul, oder wenn dies nicht möglich ist, reiben Sie sie auf der Stirn ein. Die durch den Verletzungsschock blockierten Körperfunktionen werden dadurch rasch wieder in Gang gebracht.

Auch der seelische Schock kann durch die Anwendung der Tropfen besser überwunden werden. Je nach Schwere des Unfalls werden die Tropfen jede Viertelstunde und danach in immer grösseren Abständen verabreicht. Natürlich wird dadurch die sofortige tierärztliche Behandlung nicht ersetzt, sondern lediglich unterstützt. Auch bei Insektenstichen hilft ein Tropfen auf die Einstichstelle. Ist diese nicht auszumachen, sind zwei bis drei Tropfen auf die Zunge zu geben.

Übrige Bachblüten

Bei der Behandlung von gesundheitlichen Problemen lassen sich mit Bachblüten erstaunlich gute Resultate erzielen. Die Kunst besteht darin, die richtigen Blüten zu finden. Wie in der Homöopathie gibt es nicht *das* Mittel oder *die* Blüte für die erfolgreiche Behandlung eines bestimmten Problems. Jeder Hund braucht seine speziellen Bachblüten.

Bei Verhaltensproblemen ist die Erwartungshaltung an Bachblüten meist viel zu gross. Verhaltensprobleme sind mit dem menschlichen Umfeld eng verbunden. Ändert sich im menschlichen Umfeld nichts, können auch Bachblüten nicht viel ausrichten. Ändern die Menschen aber ihr Verhalten oder ihre

Einstellung, kann sich auch der Hund verändern, wobei ihn Bachblüten unterstützen können.

Homöopathie

Schulmedizinisch sind unsere Stadthunde kompetent betreut. Erfreulicherweise greifen auch immer mehr Tierärzte zu den sanfteren homöopathischen Mitteln. Leider fehlen in unserer Stadt klassisch ausgebildete Homöopathen. Ich bin überzeugt, dass, abgesehen vom chirurgischen Bereich, die klassische Homöopathie ebenso umfassend und wirksam helfen kann. Sie hat darüber hinaus den Vorteil, dass sie auch auf das Gefühls- und Seelenleben harmonisierend einzuwirken vermag. Die homöopathische Behandlung zielt darauf ab, die Gesamtkonstitution und die körpereigene Abwehr zu stärken, was etwa im Hinblick auf Allergien und die immer offensichtlichere Impf-Problematik wünschenswert ist.

Akupunktur

Harmonisches Gleichgewicht zwischen Körper und Seele kann auch mit Akupunktur erreicht werden. Diese alte Heilkunst wird in China schon seit Jahrtausenden auch bei Tieren angewendet. Bei uns ist sie noch recht neu, doch haben wir das Glück, dass in Basel die Tierärztin Monika Roggo eine Praxis für Akupunktur führt.

Eine dritte Möglichkeit, unseren Hund auf sanfte Weise ins Gleichgewicht zu bringen, ist die Tellington-Touch-Methode. Ihr Vorteil ist, dass sie jeder lernen kann. Die Kreisbewegungen, die auf dem ganzen Körper ausgeführt werden, wirken aktivierend auf das Lernvermögen. Sie können auch Angst- oder Aggressivitätsspannungen abbauen und helfen uns, wieder auf intuitiver Ebene mit dem Hund zu kommunizieren (L. Tellington-Jones 'Der neue Weg im Umgang mit Tieren').

Vorbereitungen für den Besuch beim Tierarzt

1. Lernen Sie Ihren jungen Hund auf einen niedrigen Tisch springen, oder bringen Sie ihm bei, dass er es zulässt, hochgenommen und auf den Tisch gestellt zu werden. Sie gewöhnen ihn an einen Tisch, wenn Sie ihn darauf pflegen.

2. Lernen Sie ihn - zuerst auf dem Boden, dann auf dem Tisch - sich auf die Seite und auf den Rücken legen zu lassen und ruhig zu bleiben. Untersuchen Sie wie im Spiel seinen Bauch und seine Pfoten. Sperrt sich der Hund, so stellen Sie ihn quer vor Ihre Beine, ergreifen Sie ihn durch das innere Vorder- und Hinterbein unter dem Bauch und ziehen Sie seinen Körper nach aussen. Auf diese Weise rutscht das Tier sanft auf den Rücken.

3. Der Maulkorb ist angebracht bei Hunden, die zu Aggressivität neigen oder ganz einfach aus Angst nach dem Tierarzt/der Tierärztin oder dem Pflegepersonal schnappen. Wenn Sie Ihren Hund an das Tragen eines Maulkorbs gewöhnen wollen, benötigen Sie dafür etwa eine Woche.

4. Auch das Messen der Körpertemperatur sollte bereits im Welpen- und Junghundalter ab und zu geübt werden. Während eine Hilfsperson das Tier vorne fixiert und liebevoll krault, können Sie die eingefettete Spitze eines Digitalthermometers, das Sie nur etwa zwei Zentimeter hinter der Spitze halten (zur Vermeidung von ungeschicktem Herumstochern), in den After einführen. Die Normaltemperatur liegt zwischen 37,5 und 38,5 Grad Celsius, bei Zwerghunden bis zu 39 Grad.

5. Der Puls ist am besten zu erfühlen, wenn der Hund steht. Sie finden ihn am besten ganz oben, etwa 2 bis 4 Zentimeter einwärts an der Innenseite des Schenkels. Der normale Puls beträgt 60 bis 120 Schläge in der Minute. Bei Welpen und Zwerghunden liegt er meist an der oberen Grenze. Wenn man den individuellen Puls seines Hundes kennt, kann dieses Wissen für den Tierarzt ein wertvoller Hinweis sein.

Tierärzte und Tierspitäler

Für die rund 6'000 Basler Hunde sind Ärzte oder Ärztinnen in vier Tierarztpraxen in Basel und in 16 in der nahen Agglomeration um das körperliche Wohl besorgt. Darunter sind zwei Tierspitäler, in denen rund um die Uhr ein Tierarzt anwesend ist. Die übrigen Praxen teilen sich in einen Notfall-Pikettdienst (Telefonnummer 280 75 50)

Für spezielle Augenprobleme bietet das Augenspital Basel-Stadt an der Mittleren Strasse 91 einen eigens eingerichteten Raum an. Die Behandlung erfolgt durch Spezialisten.

Die Kastration

Das Thema Kastration weckt bei den Hundebesitzern zwiespältige Gefühle. Übrigens: Bei Hunden hat nur die Kastration (Entfernung von Eierstöcken und Gebärmutter bzw. der Hoden), nicht die Sterilisation die gewünschte Wirkung.

Vor der Wirksamkeit der durch Hormon-Injektion vorgenommenen Kastration bin ich nicht überzeugt. Bei der Hündin wird durch die Spritze die Läufigkeit unterdrückt, der Rüde soll durch die Spritze in den gleichen Zustand wie nach der Kastration versetzt werden. Alle befragten Hundebesitzer haben übereinstimmend ausgesagt, dass sie nach der Injektionskastration keine Verhaltens- oder andere Änderungen an ihrem Hund beobachten konnten. Es braucht eben Zeit, bis ein Hundemännchen nicht mehr nach Rüde, eine Hundedame nicht mehr nach Hündin riecht!

Die Kastration kann bei verhaltensgestörten Tieren den günstigen Verlauf einer Therapie beeinflussen. Ferner verhindert die Kastration die Erkrankung der Gebärmutter bzw. die Vergrösserung der Prostata.

Nachteilig wirkt sich die Kastration bei einigen wenigen Hunderassen aus, indem sich eine Veränderung des Haarkleids (Babyfell) einstellt, die das Wohlbefinden des Tieres allerdings nicht beeinträchtigt. Ferner ist bei einer verschwindend kleinen Zahl von alten Hündinnen eine Schwäche des Blasenmuskels (Inkontinenz) beobachtet worden, die allerdings üblicherweise durch den Tierarzt beseitigt werden kann.

Eines ist sicher: Die Kastration macht Ihren Hund nicht dick! Rüden werden zu besseren Futterverwertern. Wenn Sie Ihren Beppeli diszipliniert füttern, bleibt er schlank. Ich habe bisher nicht erlebt, dass ein Hund die Tür des Kühlschranks selbst geöffnet hat ...

Aus meiner Sicht überwiegen bei einer Kastration die Vorteile die Nachteile: Hündinnen werden lebenslang nicht mehr durch die Läufigkeit geplagt. Sie leiden nicht mehr unter der Scheinträchtigkeit samt den Begleiterscheinungen, wie etwa das zwanghafte Horten von Gegenständen als Pseudowelpen. Der Milchfluss fällt weg, ebenso der Nestbau usw. Rüden sind nach dem Eingriff meist fröhlicher, anhänglicher und verspielter, da die durch die Sexualität diktierte Rivalität (Raufen) und der Drang zur Partnersuche entfallen. Weil sich einige Zeit nach der Kastration beim Rüden ein *neutraler* Individualgeruch einstellt, begegnen ihm fremde Rüden freundlicher.

Gewiss, die Kastration ist etwas Unnatürliches. Noch unnatürlicher aber ist, so meine ich, dass unsere Hunde ihr unablässig gesuchtes Liebesspiel mit dem nachfolgenden Geschlechtsakt entweder gar nie oder höchst selten vollziehen dürfen. Für die Tiere ist die Situation eine Qual. Wir verurteilen sie zu einem lebenslänglichen 'Zölibat'.

Diese Frustration ist in der Stadt, wo es auf engerem Raum so viel mehr wohlriechende, läufige Weibchen gibt, als auf dem Land, noch extremer, und zwar für beide Geschlechter. Darum: Wenn ein Hund für die Zucht ungeeignet ist, ist die Kastration eine tierfreundliche Massnahme.

Die Fütterung

In der Fülle von Fertignahrungsangeboten gibt es sicher viele, die zwar alles enthalten, was ein Hund braucht, aber durch die Konservierung wird die Nahrung zur 'toten' Nahrung. Ich möchte die Ernährung nicht zur Glaubensfrage machen, sondern mit meinem seit Jahrzehnten bewährten Fütterungsplan lediglich eine Anregung geben.

Die Nahrung der Wölfe - unsere Hunde sind domestizierte Wölfe - besteht aus Weidetieren, von denen sie als erstes die Innereien mit Magen-Darminhalt, also vorverdaute vegetarische Nahrung, verzehren. Diese liefern ihnen viele Vitamine, Mineralsalze und Spurenelemente etc., die auch für alle Carnivoren lebenswichtig sind.

Weidetiere haben immer einen gedeckten Tisch, wogegen der Beutegreifer nicht jeden Tag Jagdglück hat. Trotzdem muss er in Topform bleiben für die nächste Jagd. Deshalb ist der Verdauungsapparat der Fleischfresser zum Fasten eingerichtet, ja dadurch wird er erst eine dauerhafte Gesundheit erhalten, denn durch die Fleischnahrung häufen sich Giftstoffe im Körper, die bei regelmässigem Fasten wieder ausgeschieden werden können. Deshalb empfehle ich, den Hund ein Mal pro Woche einen Tag lang fasten zu lassen.

Fütterungsempfehlungen

Allgemein bewährte Mengenverhältnisse:

Junghunde (bis zu 1 Jahr):1/2 Fleisch, 1/2 getreide-pflanzliche Kost.

Erwachsene Hunde (bis zu 8 Jahren): 1/3 Fleisch, 2/3 getreide-pflanzliche Kost.

Alte Hunde: 1/4 Fleisch, 3/4 getreide-pflanzliche Kost.

Bei zu dicken Hunden: weniger Getreide, dafür höheren pflanzlichen Anteil und, um das Volumen zu vergrössern, Kleie zusetzen.

Ich habe gute Erfahrungen gemacht mit unkonservierter, roher Nahrung. Erfahrungen, wie sie im übrigen auch von zoologischen Gärten gemacht werden. Wie bei der menschlichen Ernährung werden auch bei den Tieren immer mehr die Zusammenhänge zwischen der denaturierten, konservierten Nahrung und Zivilisationskrankheiten, wie zum Beispiel Allergien festgestellt.

Futterzusammensetzung:

Fleisch: Wechselweise verschiedene rohe Fleischsorten, nämlich nicht zu mageres Muskelfleisch, einmal wöchentlich Innereien und einmal roher, ungeputzter Pansen decken den Bedarf an Nährstoffen gut ab.

Knochen: Für die Hunde ein zahnreinigendes Vergnügen. 1 - 3 mal wöchentlich z.B. Rindsbrustbein oder eine Gelenkkugel vom Kalb verabreichen. Nur in den Knochen ist das notwendige Kalzium enthalten. Eventuelle Verstopfung kann mit einer Gabe roher Milch, die abführend wirkt, ausgeglichen werden. Keine gekochten Knochen. Ungünstig ist Kalbsbrustbein, weil dieser 'gummige' Knochen von den Hunden zu wenig zerkaut werden kann, aus Gier in zu grossen Stücken verschlungen wird und im Hals stecken bleiben könnte.

Getreide: Ist eine geeignete Zusatznahrung. Grobflockige Mischungen, Vollkornteigwaren, Vollreis oder Hirse verwenden.

Pflanzliche Kost: Sinnvoll sind wechselweise Beigaben von *Wildkräutern*: Löwenzahn, Brennesseln, Bärlauch, Beinwell. *Gartenkräutern*: Petersilie (nicht mehr als zweimal pro Woche), Majoran, Basilikum,

Liebstöckel etc., *Früchten*: Äpfel, Birnen, Zwetschgen, Pflaumen, Pfirsiche, Aprikosen, alle Beeren etc., *Gemüse*: Zucchetti, Karotten, Randen, Sellerie, Kürbis,Topinambur etc.

Weitere Zugaben: Knoblauch (stärkt das Immunsystem; ein- bis zweimal pro Woche 1 Zehe). Im weiteren sind eine Messerspitze Seetangpulver (reich an Mineralsalzen, Jod fördert besonders den dichten Fellwuchs und die Pigmentierung), ein Esslöffel kalt gepresstes Olivenöl, Weizenkeime, Bierhefe und, bei Schonkost, unpasteurisierter Yoghurt oder Quark anstelle von Fleisch zu empfehlen.

Alles Vegetarische soll mit dem Wiegemesser oder einer Raffel gut zerkleinert oder im Mixer püriert werden, weil der Hund kein Mahlgebiss hat, sondern für vorverdaute vegetarische Nahrung geschaffen ist. Alle Kräuter, Früchte und das Gemüse werden roh gereicht.

Bei Futterumstellung: vorerst in kleinen Mengen neues Futter dem gewohnten beifügen und allmählich steigern. Auf eine plötzliche Umstellung könnte der Hund mit Durchfall reagieren.

Hilfe! Unsere Hündin ist ein Allesfresser

Ein Zeitungsartikel aus der *doppelstab*-Serie
'Hunde-Ratgeber' von Heinz Fröscher:

Eine Leserin aus Bottmingen bittet um Hilfe: Ihre
11jährige Hündin geht bei Spaziergängen sämtlichen
Gerüchen nach und frisst dabei alles, was ihr vor die
Schnauze kommt, auch Kot.

Das Kotfressen Ihrer Hündin könnte Folge einer
Mangelerscheinung sein, zum Beispiel eines Man-
gels an Mineralien oder Spurenelementen. Allerdings kann sich die Kotfresserei auch zur Leiden-
schaft auswachsen.

Versuchen Sie, das Bedürfnis Ihrer Hündin nach
'stinkenden' Sachen zu befriedigen. Füttern Sie ihr
alle zwei bis drei Tage ungereinigten Pansen (falls
bei Ihrem Metzger nicht erhältlich, gibt es Pansen in
Geschäften für Tierbedarf mit Frischfleischverkauf).
Ferner können Sie der Hündin wöchentlich ein Stück
'stinkenden' Käse, zum Beispiel Limburger, anbieten. Regelmässige Zugabe von Heilerde, Meeralgen
und Bierhefe sowie täglich frische Kräuter im Futter
helfen, den Mangel zu beheben. Um das Aufnehmen
von Nahrung und Unrat zu Hause und unterwegs zu
verhindern, setzen Sie am besten sogenannte 'Umweltfallen' ein.

Für Hunde, die mit Vorliebe ihre Schnauze in Ab-
falleimer stecken oder sich aus der Gutzischale auf
dem Salontisch bedienen, empfiehlt sich der Einsatz
einer Schnappmausefalle, die Sie, leicht getarnt, in

den Eimer oder in die Schale legen. Sollte Ihnen diese Methode zu 'brutal' erscheinen, umwickeln Sie den Schnappbügel mit Leukoplast. Das Zuschnappen der Falle begleiten Sie mit einem ruhigen 'Nein'.

Gegen die Futteraufnahme im Freien hilft ein Trick: Füllen Sie eine ausgehöhlte Wurst oder ein grosses Plätzli mit scharfen Gewürzen, zum Beispiel Meerrettichsenf, Pfeffer oder Tabasco. Verschliessen Sie die Wurst oder das Plätzli vorsichtig. Es darf aussen nichts vom Inhalt haften bleiben. Dann wird der Köder an einer abgesprochenen Stelle von einer Drittperson abgelegt. Führen Sie Ihren Hund an der Leine oder frei an der Stelle vorbei. Senkt das Tier die Nase zum Futter, sagen Sie wieder ruhig 'nein' - die ungünstige Erfahrung soll ja vom Futter, nicht von Ihnen kommen. Wichtig ist, dass Ihr Hund bei den Vorbereitungen nie dabei ist.

Die erwähnten Massnahmen scheinen sehr aufwendig. Ihr Einsatz lohnt sich aber, denn Sie können dadurch Ihrem Vierbeiner Vergiftungen und damit Qualen ersparen.

Gewisse Hunderassen brauchen die Fellpflege in einem Hundesalon.

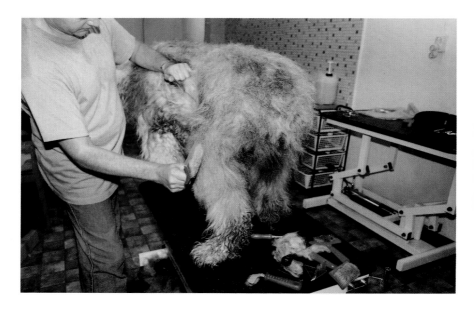

Regelmässige Fellpflege kann die Bindung zwischen Mensch und Hund zusätzlich fördern.

Zum Erlernen der Tellington-Touch-Methode werden spezielle Kurse angeboten. Durch die kreisende Massage lassen sich Verkrampfungen lösen.

Die beiden Fotos auf der folgenden Seite zeigen das korrekte Messen der Körpertemperatur und das Fühlen des Pulses an der Innenseite des Oberschenkels.

Wenn sich ein Hund dagegen sperrt, von der Platz-Stellung auf den Rücken gedreht zu werden, empfiehlt es sich, den auf Seite 108 beschriebenen und auf dieser Seite sowie auf den beiden folgenden Seiten fotografisch festgehaltenen Handlungsablauf zu üben.

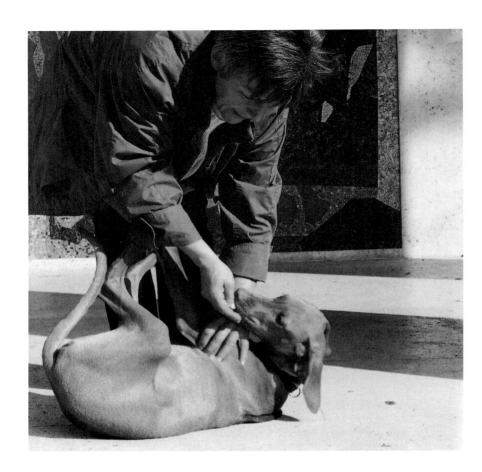

Bei einem Hund, der ein 'Allesfresser' ist, lohnt es sich mit den auf den Seiten 116 und 117 beschriebenen Methoden, ihm diese Unart abzugewöhnen, nicht zuletzt seiner Gesundheit zuliebe.

Den 'Problemhund' gibt es eigentlich nicht!

Den 'Problemhund' gibt es eigentlich nicht, denn alles Fehlverhalten von Hunden hat eine menschliche Ursache.

Wenn ein Tier in der Natur verhaltensgestört ist, kommt es um, oder es kann sich nicht fortpflanzen. Wir zivilisierten Menschen haben, besonders auch was die Technik angeht, eigenartige Lebensformen angenommen. Wir versuchen mit Hilfe der modernen Medizin, alles Leben zu erhalten, auch das unserer Hunde. Welpen, die im Grunde nicht lebensfähig sind, werden aufgepäppelt. Wir helfen bei der Geburt, legen sie an die Zitzen, ernähren sie künstlich, bringen sie unter Wärmelampen. Es kommt kaum zum Kontakt mit anderen Hunden. Das hat Folgen: Viele Welpen wachsen erlebnisarm auf. Sie bekommen zu wenig gesunden Stress. Und schon sind eine Reihe von Voraussetzungen für Verhaltensstörungen geschaffen.

Nach dem Halterwechsel können weitere Fehler, die der neue Besitzer begeht, dazukommen. Doch selbst wenn ein Welpe optimal aufgewachsen ist, kann er zu einem 'Problemhund' werden. Einige Beispiele: Angenommen, es benützt jemand einen Hund als vierbeinigen Polizisten, fördert einseitig den Kampftrieb und erfreut sich daran, dann steht dahinter meistens ein menschlicher Komplex, der über den Hund abreagiert wird.

Jemand anders ersteht sich einen Welpen, den er bemuttert, als wäre er ein Menschenkind, er hält ihn ängstlich von wichtigen Erlebnissen fern, wie z.B. von der täglichen Begegnung im Freien mit Artgenossen jeglicher Grösse und jeglichen Alters, er hält ihn fern vom Stadtverkehr und von allem, was eine Stadt ausmacht. Die Folge ist ein ängstlicher und/oder aggressiver, neurotischer Hund.

Manchmal wird ein Hund zu viel gestreichelt und liebkost. Für den Hund ist dies eine Unterwürfigkeitsgeste des Menschen. Er wird versuchen durchzusetzen, was ihm Freude macht, und da der Mensch seinen Launen nachgeben wird, ist der kleine König geboren!

Ein Hund, der zum Symptomträger von Partner- und Familienspannungen geworden ist, reagiert auffällig und wird so zum Schuldigen. Dasselbe gilt, wenn der Hund zuviel Zuneigung erhält und der Partner zu kurz kommt, so dass dieser das Tier ablehnt.

Andere Hunde werden als Konsumartikel gehalten und bei der kleinsten Unpässlichkeit ausgesetzt oder ins Tierheim gebracht.

Alle diese Hunde sind von Menschen zu Problemhunden gemacht worden.

Ein Wort zu den Tierheimhunden: Menschen, die ihren Hund in einem Tierheim erstehen, müssen sich darüber im klaren sein, dass ein solcher Hund möglicherweise nicht einfach zu erziehen ist, dass vielleicht ein grosser Aufwand, auch finanzieller Art, nötig sein wird. Wenn die Erziehung schief herausgekommen ist, reicht die Ausrede nicht: „Er ist halt aus dem Tierheim, ich habe ihn aus Mitleid genommen."

Kann ein 'Problemhund' umerzogen werden?

Die Antwort lautet: In den allermeisten Fällen, auch wenn die Probleme noch so schwierig aussehen: Ja. Zuerst gilt es abzuklären, was für Fehler der Hundehalter und seine Mitmenschen machen. Meist hat nicht der Hund allein Probleme. Es ist allerdings nur möglich, einen Hund in seinem Betragen zu ändern, wenn auch der Mensch sein Verhalten ändert. Hundebesitzer, die ausschliesslich das Tier als 'Patienten' darstellen, werden keinen Erfolg haben. Bekommt ein Problemhund einen andern Hundehalter, so kann sich sein Verhalten grundlegend ändern. Ein Hund kennt nicht - wie wir Menschen - Moral, Tabus und ähnliches. Er untersteht auch keinen religiösen Geboten. Unter den Kynologen existiert ein Spruch, der etwa folgendermassen lautet: „Der Hund ist jenseits von Gut und Böse, deshalb trifft ihn keine Schuld." Wen keine Schuld trifft, kann auch nicht durch Strafe sühnen. Wenn ein Hund vor einem erregten, lauten Menschen die Demutsstellung einnimmt, so ist dies kein Schuldeingeständnis, sondern eine normale Reaktion, um einer möglichen Aggressionshandlung zu entgehen.

Auf welche Weise das unerwünschte Benehmen eines Hundes verhindert oder gesteuert werden kann, ist u.a. dem Buch 'Der unverstandene Hund' zu entnehmen. Dabei ist durchaus auch Fantasie angesagt (Umweltfallen!).

Wie stark eine Hund-Mensch-Beziehung sein kann, zeigt dies: Wenn der Hund schon etwas älter ist, könnte man meinen, der Hund und sein Besitzer hätten den gleichen Gesichtsausdruck und den ähnlichen Schritt. Eine Tierärztin berichtete 1993 in der Sendung 'Espresso' des Schweizer Radios über ihre Beobachtungen. Danach würden viele Hunde dieselben Erkrankungen aufweisen wie ihre Besitzer und benötigten deshalb die gleichen Heilmittel. Bemerkenswert ist auch die Beobachtung, dass Hunde einige Zeit im voraus spüren, wenn ein Familienmitglied, das längere Zeit weggewesen ist, unerwartet nach Hause kommt. Sie sind nervöser und gehen öfters zur Tür. Ich bin davon überzeugt, dass Hunde über telepathische Fähigkeiten verfügen.

Der ängstliche Hund

Die wenigsten Formen von Angst sind dem Hund angeboren, und es ist keineswegs erwiesen, ob sich Angst vererbt. In den meisten Fällen entsteht die Angst beim jungen Hund durch fehlende Erfahrungen in der Prägungsphase, seltener durch ein negatives Erlebnis. Ist beispielsweise die Mutterhündin ein furchtsames Tier - das eigentlich gar nicht hätte Mutter werden sollen! - so lernt der Welpe das ängstliche Verhalten von ihr.

Eine weitere Ursache für Angst beim Hund erwähnt der Verhaltensforscher und Tierarzt Dr. Ferdinand Brunner in seinem Buch 'Der unverstandene Hund', nämlich den Mangel an Vitamin B1. Wenn ein solcher Mangel vom Tierarzt diagnostiziert wird, genügt eine entsprechende Gabe von Vitamin B1, um die Symptome verschwinden zu lassen.

Um beim Junghund Angstgefühle gar nicht erst entstehen zu lassen, sollte ihn schon der Züchter, später der Besitzer früh mit möglichst vielen Situationen des täglichen Lebens vertraut machen. Wird dies versäumt und wirkt der Welpe bei der ersten Begegnung unsicher oder ängstlich, muss man mit sehr viel Geduld sein Vertrauen gewinnen. Wie dies zu geschehen hat, wird im Kapitel *Unser Beppeli ist ein Stadthund* beschrieben.

Angst vor anderen Hunden

Wenn während der Welpenzeit der Kontakt zu Artgenossen weitgehend gefehlt hat, fürchtet sich der Junghund möglicherweise vor seinesgleichen und flieht. Werden durch dieses Verhalten die vermeintlichen 'Feinde' zum 'Verfolgungsspiel' animiert, steigert dies seine Angst. Aber die Lage ist keineswegs hoffnungslos!

Sicher findet sich in der Bekanntschaft ein freundlicher, subdominanter Hund, dessen Besitzer beziehungsweise Besitzerin bereit ist, von Zeit zu Zeit gemeinsame Spaziergänge zu machen. Man lässt den Hunden Zeit, sich kennenzulernen, bleibt auf Distanz und verringert diese von Mal zu Mal. Sobald der ängstliche Hund zu seinem Artgenossen Vertrauen gefasst hat, kann er nach und nach auch zu anderen Hunden geführt werden. Allerdings dürfen diese nicht zu dominant oder gar aggressiv sein. Wenn es sich einrichten lässt, sollte der ängstliche Hund auch hie und da mit einem vertrauten Kollegen im gleichen Raum schlafen dürfen. Dadurch verliert er seine Ängstlichkeit wesentlich schneller.

Auf dem Spaziergang befestigt man - je nach Temperament und Schnelligkeit des 'Kandidaten'- ein 10 bis 15 Meter langes Seil am Halsband und lässt es mitschleifen. So kann sich der Hund einerseits frei fortbewegen, anderseits ist es möglich, ihn bei einem Fluchtversuch, der unter allen Umständen verhindert werden muss, zu stoppen. Während der Übung bleibt der Besitzer immer ruhig und geduldig, spricht mit ausdrucksloser Stimme zu seinem Tier, enthält sich aber jeden Lobes. Fünf Übungen pro Tag genügen. Dann folgen zwei Tage Entspannung.

Zusätzlich empfiehlt es sich, die für den Hund angenehme Tätigkeit des Fressens mit Tonbandgeräuschen von bellenden Hunden zu untermalen, leise zuerst und wie von ferne, dann immer lauter.

Und noch ein Trick: Ein dem 'Angsthund' vertrauter Artgenosse wird mit einem Tuch abgerieben, das man auf seinen Schlafplatz legt. So fühlt sich der ängstliche Hund dem Kollegen auch im Traum verbunden.

Eindrücklich für einen ängstlichen Hund ist es ferner, wenn er den Gehorsamsübungen eines wohlerzogenen Hundes zusehen kann, weil selbst ein furchtsames junges Tier schnell begreift, dass auch seine furchtlosen Artgenossen dem Menschen untergeordnet sind und von ihm kontrolliert werden.

Falsch ist es, einen kleinen Hund bei jeder Begegnung mit anderen Hunden auf den Arm zu nehmen.

Diese Schutzmassnahme ist nur bei wirklicher Gefahr angezeigt.

Ein junger Hund kann nur durch häufigen Kontakt mit Artgenossen ein gesundes soziales Verhalten lernen. Es liegt aber beim Menschen, für die ersten Zusammentreffen geeignete Tiere und eine günstige Umgebung zu wählen.

Angst vor Kindern

Kreischende, herumrennende Kinder erschrecken den unerfahrenen Welpen, der seine Angst möglicherweise durch Aggression kompensiert. Er muss deshalb lernen, dass Kinder keine Gefahr für ihn bedeuten. Lernhilfe ist auch hier 'Begleitmusik' zum Fressen: Kinderspielplatz- und Pausenhofgeräusche ab Tonband in allmählich zunehmender Lautstärke. Ferner helfen getragene, ungewaschene Kinderkleider als 'Kopfkissen'.

Mit dem 'fortgeschrittenen' Welpen darf man in der Nähe eines Pausenhofs spielen, ihn zwischendurch auch einmal mit einem Leckerbissen verwöhnen. Der nächste Schritt ist der Aufenthalt auf dem Pausenhof (nach Absprache mit der Schulleitung) und zuletzt, wenn sich der junge Hund durch die Kinder nicht mehr aus der Ruhe bringen lässt, der kurze Spaziergang an der Leine eines zuverlässigen Kindes, aber unter Aufsicht des Hundebesitzers, versteht sich. Sobald der junge Hund ruhig an der Leine des ihm bekannten Kindes mitgeht, wird die Übung mit anderen Kindern wiederholt, immer unter der Aufsicht eines Erwachsenen.

Um das Schnappen nach einem Kind zu verhindern, empfiehlt es sich, dem Hund, der die Beisshemmung gegenüber Kindern verloren hat, anfänglich einen Maulkorb anzuziehen. Zum Schnappen könnte es kommen, wenn Kinder dem Hund Leckerbissen anbieten. Tun sie es zögernd und ängstlich, schnappt das Tier vielleicht aus reiner Fressgier danach, und das Kind könnte hundescheu werden.

Angst vor fremden Menschen

Jeder frischgebackene Besitzer eines achtwöchigen Hundekindes steht auf seinen täglichen Spaziergängen immer wieder im Mittelpunkt des Interesses und des Entzückens von Passanten. Die sonst so eiligen und geschäftigen Mitmenschen haben plötzlich etwas Zeit und überschütten den Welpen mit Liebkosungen. Fast alle bücken sich, um das winzige Wesen zu streicheln und sofort von ihren eigenen Hundeerlebnissen zu berichten. Ist das nicht erfreulich? Menschen, die vielleicht jahrelang im gleichen Haus wohnten und nie ein Wort miteinander wechselten, haben jetzt Gesprächsstoff! Und der Hund ist dankbar für jede Begegnung mit fremden Menschen. Er sammelt dabei wertvolle Erfahrungen für sein ganzes Leben.

Leider ist das vielen gutmeinenden, aber überängstlichen Welpenbesitzern durchaus nicht klar. Sie belehren die entzückten Hundefreunde, meist in unfreundlichem Ton, ihr Hund sei kein Teddybär und dürfe nicht von jedermann/frau betatscht werden. Gleichzeitig reissen sie den neugierig schnuppernden Welpen mit einem Ruck zurück oder heben ihn gar hoch. Daduch bringen sie ihm bei: fremde Menschen sind gefährlich - bei mir bist du in Sicherheit. Da der plötzliche Ruck zudem schmerzt, ist es nicht verwunderlich, wenn das Hundekind in Zukunft vor fremden Menschen Angst hat. Wenn man seinem Welpen derartige negative Erlebnisse regelmässig beschert, ist der Hund im Alter von ein bis zwei Jahren garantiert reif für den Hundepsychiater!

Wenn man nun von einem psychisch geschädigten Tier erwartet, dass es Schutzaufgaben übernimmt, überfordert man es. Während ein innerlich ausgeglichener, selbstsicherer und lebensfroher Hund durchaus unterscheiden kann zwischen 'Freund und Feind', ist der kontaktarm erzogene von vornherein unsicher gegenüber jedem Fremden. Aus dieser Unsicherheit heraus wird er jeden angreifen, der ihm zufällig zu nahe kommt. Bedauerlicherweise gefällt diese Reaktion einem innerlich ebenfalls unsicheren Besitzer. Er ist stolz auf seinen 'bösen' Hund. Dabei hat es sich gezeigt, dass gerade falsch erzogene Hunde von einem unerschrocken auftretenden Menschen ohne weiteres in die Flucht geschlagen werden können.

Auch wenn der eine oder andere Hygienefanatiker jetzt verständnislos den Kopf schüttelt, sei hier auf eine weitere, das Vertrauen zwischen Hund und Mensch ganz besonders fördernde Hilfe hingewiesen: Das Schlafen mit dem Hund im selben Raum verbindet die Seelen und baut die Aggressionen des Alltags ab.

Auch das gemeinsame Spazierengehen mit hundefreundlichen Bekannten, die das Tier noch nicht kennt, kann viel zum Vermindern der Angst vor Fremden beitragen. Der 'Fremde' beachtet zunächst den ängstlichen Hund nicht. Er bleibt in angemessener Distanz zu ihm. Der Besitzer spielt mit dem Kleinen und lenkt ihn mit Leckerbissen ab. Verliert er die Angstreaktionen gegenüber dem Unbekannten, darf ihn dieser an einer etwa 15 Meter langen Leine oder Schnur (keine Roll-Leine) führen. Da er sich vorher auf Distanz schon mit dem Hundebesitzer unterhalten hat, kennt der Welpe seine Stimme, die nun weiterhin beruhigend mit ihm spricht. Nach und nach verkürzt der 'Fremde' die Führleine ohne jeden Zwang. Zeigt der Hund keine Angst mehr, wird er von dem nun schon nicht mehr Unbekannten mit kleinen Leckerbissen belohnt. Diese Übung kann oft mehrere Tage in Anspruch nehmen. Vertrauen fassen braucht Zeit und Geduld, besonders wenn es gilt, negative Erlebnisse verblassen zu lassen. Hat der Hund seine Angst gegenüber *einem* Fremden überwunden, wird derselbe Vorgang mit anderen ihm unbekannten Menschen wiederholt. Es wird von Mal zu Mal weniger Zeit vergehen, bis der Kontakt hergestellt ist.

Allmählich darf man dazu übergehen, den nun nicht mehr so ängstlichen Hund in belebte Parks oder auf Plätze mitzunehmen, weicht aber immer noch zu dichten Menschenansammlungen aus. Zeigt er sich vorübergehend wieder unsicher, beruhigt man ihn mit monotoner Stimme, ohne ihn jedoch mit Gesten oder Worten zu trösten. Den Sinn der Worte versteht er sowieso nicht. Den zärtlichen Tonfall aber interpretiert er als Lob für sein furchtsames Verhalten! Dies gefällt ihm, und er wird künftig versuchen, auf dieselbe Art, das heisst durch Ängstlichkeit, zu Streicheleinheiten zu kommen. Man hat also genau das Gegenteil von dem erreicht, was man beabsichtigt.

Angst vor Uniformen

Mancher Postbote zerbricht sich wohl, bevor er eine neue Arbeitsstelle antritt, den Kopf darüber, wie er am besten einem uniformfeindlichen Hund begegnet. Und mancher Hundebesitzer rechnet sich aus, wie viele Uniformhosen und -jacken die Haftpflichtversicherung vermutlich übernehmen wird, falls er einen uniformfeindlichen Hund hat.

Oft ist die Abneigung Uniformierten gegenüber mit Angst zu begründen. Wenn ein Hund viel alleine ist, kann ihn auch die Langeweile zu Aggressionen gegenüber Uniformierten treiben.

Es liegt beim Menschen, einen Hund beim Überwinden dieser Angst zu unterstützen. Hilfreich ist ein Bekannter oder Freund, der eine Uniform besitzt und bei dieser Übung mitmacht. Der Helfer sollte zuerst in Zivilkleidung allmählich das Vertrauen des Hundes gewinnen. Dies geschieht, indem er sich mit ihm beschäftigt. Ein gemeinsamer Spaziergang und ein anschliessendes Spiel sind - zusammen mit obligaten 'Belohnungsgutelis' - die beste Voraussetzung dafür, sein Herz zu erobern. Wenn der Helfer als

Kamerad akzeptiert ist, erscheint er in einer Uniform und verhält sich dem Hund gegenüber wie gewohnt locker und freundlich. Die Uniform ist für das Tier jetzt zweitrangig, da es ja den Menschen 'darunter' schon kennt und nur Positives mit ihm erlebt hat.

Nützlich wäre es, wenn diese Übung mit weiteren einfühlsamen Uniformträgern wiederholt werden könnte. Wenn sie zufriedenstellend verlaufen ist, informiert der Hundehalter die uniformierte Person (zum Beispiel den Pöstler) über die für die Begegnung getroffenen Vorbereitungen mit dem Hund und versucht, sie dazu zu überreden, dass sie ebenfalls zuerst in Zivil auftritt. Anschliessend wird es Zeit, den Postboten in Uniform mit dem nun hoffentlich angstfreien Vierbeiner zusammenzubringen. Klappt dies nicht, empfiehlt sich folgendes: Der Pöstler 'verwandelt' sich schrittweise: am ersten Tag trägt er nur die Uniformhose, am zweiten Tag zieht er die Jacke dazu an und am dritten Tag auch die Uniformmütze. Der Postbote denkt oft nicht daran, dass es ein Hund als Provokation versteht, wenn er seiner Arbeit hektisch nachgeht. Da dies unwissentlich geschieht, nützt oft schon die aufklärende Information. Eine Lösung wäre ferner, wenn sich die erste Begegnung zwischen dem Hund und dem Uniformierten ausserhalb des Hauses und des Gartens abspielen könnte, also ausserhalb des Reviers, da der Hund dieses ja verteidigt.

Eine weitere Möglichkeit, einem Hund die Angst vor Uniformierten zu nehmen, wäre, dass der Hundehalter vor seinem ängstlichen Vierbeiner in Uniform erscheint, eventuell auch - wie oben beschrieben - in der Uniformhose, später auch mit der Jacke und zuletzt in der ganzen Ausrüstung. Erkennt der Hund den Uniformierten als seinen geliebten Meister, so weicht die Angst der Freude.

Und noch etwas: Wenn der Hundebesitzer einen Komplex hat, den er durch das Knurren und Beissen seines Tieres auslebt, ist das Verhalten des Hundes kaum zu korrigieren. In diesem Fall braucht der Besitzer beziehungsweise die Besitzerin Hilfe.

Angst vor dem Autofahren

Auch das Autofahren will gelernt sein! Viele Hunde haben anfänglich Angst vor dem knurrenden, stinkenden Ungetüm. Noch mehr Angst aber haben sie vor dem Gefahrenwerden im geschlossenen, engen Raum. Es geht zunächst darum, dem jungen Tier die 'Ungefährlichkeit' des Autos zu beweisen. Der erste Schritt führt wieder über das harmlose Spielen, diesmal in der Nähe eines stehenden Autos. Das genügt für den ersten Tag. Am zweiten Tag stehen die Türen des Wagens einladend offen - Meister und Hund steigen gemeinsam ein und sofort wieder aus. Auf den Sitzen liegen ein paar Leckerbissen, oder die tägliche Futterration könnte im Auto angeboten werden. Bald wird der Hund dieses Spiel geniessen und überhaupt nicht mit dem Autofahren in Verbindung bringen.

Nach ein paar Tagen steigt er vermutlich freiwillig ins Auto und sucht nach den Leckerbissen, während der Meister die Tür hinter ihm schliesst. Wenn er sich auch bei laufendem Motor beim Fressen nicht mehr stören lässt, ist das Spiel gewonnen. Andernfalls wird er wieder mit sachlicher Stimme beruhigt und erhält dazu einen Leckerbissen. Nimmt er ihn entgegen, kann man mit den eigentlichen 'Fahrübungen' beginnen, zunächst einmal um den Wohnblock, dann täglich etwas weiter. Ziel der ersten Fahrten ist immer ein Ort, wo sich der Welpe austoben kann, dadurch verbindet sich für ihn die unangenehme Fahr-Erfahrung mit dem angenehmen Ende der Fahrt. Während der Anfangsperiode muss das Tier von derselben Bezugsperson begleitet werden, längere Fahrten dürfen erst unternommen werden, wenn der Hund vollkommen entspannt und gelassen bleibt, sich ruhig hinsetzt oder -legt.

Rund um den Beppeli

Ein zweibeiniger 'Beppeli' kommt auf die Welt

„Hurra, unser Kind ist da!" Die Eltern freuen sich und sind stolz. Die Verwandten freuen sich. Die Freunde und Bekannten freuen sich. Aber der Hund, der vierbeinige 'Beppeli', freut sich gar nicht! Bereits als Frauchen und Herrchen mit dem neuen Erdenbürger aus dem Spital nach Hause kommen, spürt er Konkurrenz. Er stört. Und dabei ist er doch zuerst dagewesen! Mit einem energischen 'Pfui' wird er abgewiesen, als er mit der Schnauze begrüssen will. Alles dreht sich jetzt um das schreiende, weinende, strampelnde Bündel, das liebkost, gehätschelt und gepflegt wird.

Die Spannung zwischen Hund und Kind ist programmiert. Oft wird in dieser Situation auf den Vierbeiner verzichtet. Er wird weggegeben. Das Konsumgut Hund hat ausgedient.

Hier ein paar Ratschläge, wie Sie nach der Geburt eines zweibeinigen 'Beppelis' für das Verhältnis zwischen dem Hund und der Familie günstige Voraussetzungen schaffen können:

Der Vater oder ein anderes Familienmitglied sollte eine Windel mit der 'Visitenkarte' des Buschis nach Hause bringen und sie dem Hund zum Schnüffeln geben. Damit ist der erste positive Kontakt mit dem bald erscheinenden Kameraden bzw. der neuen Kameradin hergestellt.

Wenn Mutter und Kind nach Hause kommen, streckt man dem fröhlichen Hund, den eine weitere Bezugsperson hält, den kleinen 'Beppeli' mit dem Po voran zum ausgiebigen Beschnuppern hin. Die Wiedersehensfreude und das Kind werden sich im Gedächtnis des Hundes bleibend verbinden. Dann wird dem Säugling der Po freigelegt. Wer wegen des Schnüffelns hygienische Bedenken hat, bindet dem Buschi eine leichte Gaze um Nase und Mund. Beim Windelwechseln und bei der Pflege des Säuglings darf der Hund dabei sein. Er wird auch ab und zu gelobt und gestreichelt. Zwischen Hund und Kind wird sich daraufhin meistens eine lebenslange Freundschaft entwickeln.

Der Hundeerzieher kommt in die Schule

Samstagmorgen, letzte Schulstunde. Normalerweise sehnen alle das Wochenende herbei. Doch diesmal sitzen die 24 Kinder der Klasse 2F aufmerksam in der 'Arena' im Pausenhof. Denn für einmal ist eine aussergewöhnliche Schulstunde angesagt: Heinz Fröscher ist nämlich mit drei Hunden ins Bäumlihof-Gymnasium gekommen, um über den Beruf des Hundeerziehers zu berichten und allerlei Wissenswertes über Hunde zu erzählen. Er möchte bei dieser Gelegenheit vor allem vermitteln, dass Hunde nicht vermenschlicht werden sollen. „Der Hund kennt keine Werte, es gibt für ihn weder gut noch böse", erklärt Fröscher den Kindern.

Dann kommt auch Beppeli zum Zug und darf zeigen, was er kann. Dabei darf auch ein kleines Kunststück nicht fehlen. Nachdem die 12jährigen Jugendlichen gebannt den spannenden Ausführungen des Hundeerziehers gelauscht haben, dürfen sie Fragen stellen, was sie denn auch rege tun.

„Welches ist die häufigste Hunderasse bei uns?", möchte ein blonder Junge wissen und erhält die Antwort: „Mischlinge, Dackel, Pudel und Yorkshire Terriers werden gefolgt vom Deutschen Schäfer, in der Stadt besteht also eindeutig der Trend zum Kleinhund."

Ein aufgewecktes Mädchen fragt: "Verstehen Hunde Wörter?" Heinz Fröscher erklärt ihm, dass ein Hund keine Sätze und keine Geschichten verstehe, aber dass für ihn einzelne Wörter als Signal eine bestimmte Bedeutung erhalten haben. Und ein anderer Junge möchte unbedingt erfahren, wie er seine Eltern umstimmen kann, damit sie ihm doch einen Hund schenken.

Wie im Flug geht die Schulstunde vorbei, und zum Schluss dürfen die Kinder ausgiebig die drei Vierbeiner streicheln und mit kleinen 'Belohnungswürfeln' füttern, was sich Beppeli, Pablo und Nunja natürlich gerne gefallen lassen.

Matthias Brunner
(Freier Journalist)

Was ist zu tun, wenn der Beppeli entlaufen ist?

In der Stadt

Sofort die Polizei benachrichtigen und erreichbar bleiben, denn oft lässt sich ein verängstigter Hund nur von Bezugspersonen einfangen. Die Meldung bei der Polizei hat keine rechtlichen Folgen.

Bei Schockzustand eines Hundes, zum Beispiel nach einem Unfall, ist die Suche sofort einzuleiten und dafür zu sorgen, dass jemand zu Hause ist, denn innerhalb eines gewissen, ihm vertrauten Umkreises könnte der Hund allein nach Hause finden.

Auf dem Land

Die Abgangsstelle mit einem Kleidungsstück, einer Autodecke oder ähnlichem markieren und sich den Ort merken. Etwa eine Stunde warten, den Hund rufen und in nächster Umgebung suchen. Ein Hund kehrt oft an die Stelle zurück, wo Sie und der Hund sich getrennt haben, besonders wenn er sich zum Jagen entfernt hat.

Nach etwa einer Stunde den Wildhüter, den Förster oder die Polizei informieren und Hilfe bei Bekannten holen. Dafür sorgen, dass zu Hause das Telefon bedient wird, und bekanntgeben, wo sich alle Beteiligten orientieren können.

Am folgenden Tag eine Vermisstmeldung im Lokal-radio durchgeben, Flugblätter mit Beschreibung, Foto und Finderlohnangebot im Gebiet, wo sich der Hund vermutlich aufhält, verteilen und anschlagen. Vermisstmeldung mit Finderlohnangebot in der Lo-kalzeitung publizieren lassen.

Ausrüstung bei der Suche

'Guteli' für den Hund, Leine, Telefonnummer von Tierärzten und Tierheimen (siehe Anhang) griffbereit halten, ferner: Kleingeld oder taxcard für Telefonau-tomaten, topografische Karte, eventuell dicke Hand-schuhe, denn ein verletzter Hund kann bissig sein, und Bachblüten-Notfalltropfen.

Wird ein Hund gefunden und kann der Besitzer nicht ermittelt werden, da Marke und Halsband des Hun-des verloren sind, wird er im Kanton Basel - Stadt ins Veterinäramt und nach 3 Wochen Quarantäne ins Basler Tierheim gebracht. Im Kanton Basel - Landschaft kommt er ins Tierheim Forellenbach nach Therwil. Wird der Hund im badischen Raum gefunden, kommt er ins Tierheim in Hauingen (Tel CH: 0691/ 51 41 11; Tel D: 076/ 51 41 11), findet man ihn im Elsass wird er zur SPA, Société Protection de l'Animal, nach Mulhouse (Tel CH 068/ 60 04 74; Tel F: 89/ 60 04 74) oder nach Colmar (Tel CH: 068/ 41 44 20; Tel F: 89/ 41 44 20) ge-bracht.

Wenn Sie Ihren Hund suchen, aber auch wenn Sie einen finden oder wenn Ihnen einer zuläuft, werden

Sie sich also mit den betreffenden Amtsstellen in Verbindung setzen.

Der Beppeli ist allein zu Hause

Der Hund ist ein Rudeltier. Wenn er längere Zeit allein sein muss, wird ihm dies zur Qual; 4 bis 5 Stunden allein in der Wohnung zu sein, ist das Maximum an Einsamkeit, das er verkraften kann. Um ihn so weit zu bringen, dass er überhaupt so lange ruhig bleibt, gibt es die folgende Möglichkeit:

Wählen Sie eine für Sie günstige Übungszeit. Zeigen Sie dem Hund ein happiges Rindsbrustbein und versorgen Sie es dann vor seinen Augen in einer Schublade. Jetzt gehen Sie mit dem Hund so lange spazieren, bis er müde ist. Wieder zu Hause, geben Sie ihm den Knochen und gehen mit einem ruhig gesprochenen 'Warten' ohne weiteres Zeremoniell aus der Wohnung. Vor der Türe horchen Sie und stoppen die Zeit, bis sich der Hund bemerkbar macht. Treten Sie dann mit Getöse wieder ein und gebieten Sie ihm Ruhe. Nach rund 5 Minuten kommen Sie zurück und begrüssen ihn kurz und trocken, auf keinen Fall überschwenglich. Diese Übung wird jeden zweiten Tag wiederholt und um fünf bis fünfzehn Minuten verlängert.

Jetzt können Sie in der Übung einen Schritt weitergehen: Verlassen Sie demonstrativ das Haus. Sobald Sie hören, dass Ihr Hund wieder angibt, schalten Sie über ein Verlängerungskabel, das in die Waschküche, in die Garage oder zum Nachbarn

verlegt ist, kurz das Tonband ein, auf das Sie vorgängig rund zwei Minuten lang Ihren Verweis gesprochen haben. Der Hund reagiert, da er sich allein
glaubt, auf das unerwartete Ertönen Ihrer Stimme
verblüfft.

Wenn Sie tatsächlich weggehen, können Sie das
Sich-ruhig-Verhalten des Hundes kontrollieren, indem Sie das Tonbandgerät auf 'Aufnahme' schalten.

Wohin mit dem Hund bei mehrtägiger Abwesenheit?

Wenn Sie Ihren Hund nicht einem Tierheim anver-
trauen wollen, scheuen Sie sich nicht und erkundi-
gen Sie sich bei einem Ihnen bekannten Hundehalter nach der Bereitschaft zu gegenseitigem Hüten.
Geben Sie dann Ihr Tier probehalber für 24 Stunden
in dessen Obhut, nehmen Sie auch seinen Hund
einmal für die gleiche Dauer zu sich. Hat das an beiden Orten mit beiden oder auch mehreren Hunden
geklappt, vereinbaren Sie ein nicht zu knapp be-
messenes Hütegeld.

*Das Basler Tierheim
und der Basler Tierschutzverein*

Der Basler Tierschutzverein wurde 1849 gegründet.

Dank grosszügigen Geldspenden von privater Seite
für ein Heim für herrenlose Tiere konnte am 1. Juli

1913 an der Birsstrasse 12 auf eigenem Boden das Tierheim dem Betrieb übergeben werden.

Ein halbes Jahrhundert, von 1921 bis 1971, lag seine Leitung in den Händen von L. und H. Evard.

1971 musste der Bau wegen der mitten durch die Stadt verlaufenden Autobahnführung weichen. Nach langem Suchen gelang es, auf dem Areal des Basler Elektrizitätswerks, an der Birsfelderstrasse 45, einen Platz für ein neues Tierheim zu erhalten. Das Basler Architekturbüro Berger & Toffol konzipierte eine der modernsten Anlagen dieser Art.

Seit 1971 sind unter der Leitung von Hans-Peter Haering im Basler Tierheim auch das Sekretariat des Basler Tierschutzvereins sowie die Geschäftsstelle des Dachverbandes Schweizerischer Tierschutzvereine STS eingerichtet. Damit gibt es im Breitequartier seit über 20 Jahren ein aktives Tierschutzzentrum.

Der Tierschutzbund Basel

Der Tierschutzbund Basel ist ein selbständiger Verein mit rund 2'600 Mitgliedern. Er wurde 1924 in Basel gegründet, mit der Zielsetzung, den Kampf gegen die Vivisektion anzutreten. Diesem Grundgedanken ist er bis heute treu geblieben.

Der Tierschutzbund Basel setzt sich für alle Tiere ein, für Haus- und Nutztiere. Er arbeitet mit verschiedenen Tierschutzorganisationen im In- und Ausland zusammen.

An der Schillerstrasse 30 besitzt der Verein ein eigenes Katzenheim mit 130 Plätzen, wo Findel- und Ferienkatzen aufgenommen werden.

Findelhunde - es sind etwa 150 pro Jahr - werden auf eigene Kosten im Tierheim Forellenbach (Familie Künzi) in Therwil untergebracht und weiterplaziert. Alle Tiere werden, nachdem sie ein neues Zuhause gefunden haben, weiterhin kontrolliert und betreut.

Zwei schweizerische Blindenschulen
vor den Toren Basels

Nachdem er sich gründlich mit der Thematik Führhund beschäftigt und eine eigene Ausbildungsmethode entwickelt hatte - der persönliche Kontakt mit dem Pionier des modernen Führhundewesens, Walter Hantke, war ihm dabei hilfreich - gründete Walter Rupp 1970 zusammen mit seiner Frau Rose Lilly Rupp die erste Führhundeschule der Schweiz.

Zwei Jahre später wurde der Schweizerischen Führhundeschule Basel der Status einer Stiftung gegeben und der Sitz nach Allschwil verlegt.

Während vieler Jahre gehörten Walter Rupp und seine Ausbilder zum Stadtbild. Einfühlsam machten sie die künftigen Führhunde mit den Gefahren des

Verkehrs vertraut und brachten ihnen das richtige Verhalten bei.

Führhunde erkennt man am Geschirr mit steifem Bügel und am Emblem. Sie haben zu allen öffentlichen Gebäuden, sogar in Lebensmittelgeschäften Zutritt. Am Ende der Ausbildung müssen die Hunde eine Prüfung vor Experten der Eidgenössischen Invaliden Versicherung bestehen.

1985 verliess Walter Rupp die Allschwiler Schule und gründete die 'Schule für Blindenhunde und Mobilitätshilfen' (VBM) in Muttenz. 1985 half er bei der Gründung der 'International Federation of Guide Dog Schools for the Blind' in London, deren Vorstandsmitglied er bis heute geblieben ist. 35 qualifizierte Führhundeschulen aus der ganzen Welt gehören der Vereinigung an, als einzige Schweizer Schule der VBM Muttenz.

Walter Rupp ist es zu verdanken, dass die Schweiz und insbesondere Basel wegen der Blindenführhunde weltbekannt ist.

Übrigens: Die Blindenführhunde reagieren auf spezielle Hörzeichen, die dem Italienischen entnommen sind.

Der Beppeli in der Kirche

Der Gedanke, Tiere, mit denen der Mensch sein Leben teilt, in die Kirche mitzunehmen und segnen zu lassen, ist nicht neu. Er wird in Rom, im Elsass und in Zürich in die Tat umgesetzt.

Am Sonntag, dem 9. Oktober 1994, wurde im Zusammenhang mit dem Welttierschutztag (4. Oktober), dem Erntedankfest und dem Thema 1994 der Oekumenischen Arbeitsgemeinschaft Kirche und Umwelt (OeKU) 'Das Tier und wir' erstmals ein Gottesdienst mit Tieren gefeiert. Die Idee dazu hat u.a. der Autor dieses Buches Herrn Pfarrer Felix Felix vorgetragen, der sie begeistert aufgenommen hat.

Als Veranstalter des 'Schöpfungsfestes' zeichneten die Offene Kirche Elisabethen, die OeKU, Aktion Kirche und Tiere (AKUT), der Tierschutzbund Basel, die Hundeschule Fröscher Muttenz und die Herta-Herbst Stiller Arbeitsgemeinschaft.

Die Teilnehmer und Teilnehmerinnen am Gottesdienst wurden eingeladen, ihre Haustiere zur einfachen Feier mitzubringen. Das Echo auf den Aufruf war enorm. Zwischen den Bänken und den Stühlen sassen angeleint Hunde aller Rassen. Kaum einmal war ein kurzes Bellen zu hören. Pfarrer Felix Felix gelang ein eindrücklicher Gottesdienst, in dessen Zentrum er den biblischen Schöpfungsbericht und die Achtung vor den Tieren stellte, wie sie u.a. der Ordensstifter Franz von Assisi zu Beginn des 13. Jahrhunderts sowie das Glauberger Schuldbekenntnis formulieren.

Sichtlich ergriffen zeigte sich Pfarrer Felix während der Segnung einiger Hunde im Chor. Er rief die Anwesenden auf, im nächsten Jahr auch andere Haustiere mitzubringen.

Unser Beppeli stirbt

Der Tod ist immer ein Dienst am Leben. Er macht Platz für Neues.

Für mich ist der Tod bei Mensch und Tier die Geburt in ein geistiges Leben. Der Mensch ist vermutlich das einzige Lebewesen, das sich, solange es denken kann, bewusst ist, dass es sterben muss.

Für Menschen, denen ein Hund hat Menschen ersetzen müssen, ist dessen Tod ein überaus schmerzlicher Verlust.

Ich gehe davon aus, dass unser Beppeli alt ist und dass ihm das Leben ganz offensichtlich zur Qual wird. In der Natur würde er auf natürliche Weise sterben. Jetzt aber müssen wir für sein Ableben sorgen. Den Termin dafür festzulegen, ist nicht leicht, und der Gang zum Tierarzt ist schwer.

Bevor wir ihn antreten, verrichten wir, wenn es unserem Beppeli noch möglich ist, mit ihm all das, was wir jeden Tag gemacht haben, wir füttern und pflegen ihn, machen den gewohnten Spaziergang, damit er sich versäubern kann. Es ist ganz natürlich, dass wir uns Gedanken machen und uns Fragen stellen, wie zum Beispiel: Habe ich von meinem 'Beppeli' zu viel verlangt? War ich zu oft ungeduldig? War ich zu streng - oder zu nachgiebig?

Hunde sind - mit all ihren seelischen und körperlichen Narben - erfahrungsgemäss oft gelassener als wir, wenn das Sterben naht. Ob sie den Tod ahnen?

Selbstverständlich! Das Gefühl ist stärker als das Wort.

Eine gute Tierärztin, ein guter Tierarzt wird unseren vierbeinigen Freund gefühlvoll einschläfern. Sinnvoll wäre es, wenn dies zu Hause, in der gewohnten Umgebung geschehen könnte. Ich meine, es ist gut, wenn man noch einige Zeit beim toten Körper bleibt, damit sich die Seele in der neuen Situation orientieren kann. Ich glaube nämlich an die Reinkarnation. Im Tierspital Dr. Uehlinger können Sie Ihren Hund auf Wunsch kremieren lassen. Auch das Veterinäramt gibt darüber Auskunft, wo Sie Ihren verstorbenen Hund hinbringen können.

Im übrigen ist es für uns wichtig, dass wir eine Trauerzeit durchstehen, bevor wir uns einen neuen 'Beppeli' suchen. Wir können dann zu ihm eine tiefere Beziehung aufbauen und erliegen nicht der Versuchung, den neuen Hund mit seinem Vorgänger zu vergleichen.

Bildeindrücke vom ersten Gottesdienst mit Tieren in der Elisa-
bethenkirche im Zusammenhang mit dem Welttierschutztag '94.
Der Beppeli erhält den Segen.

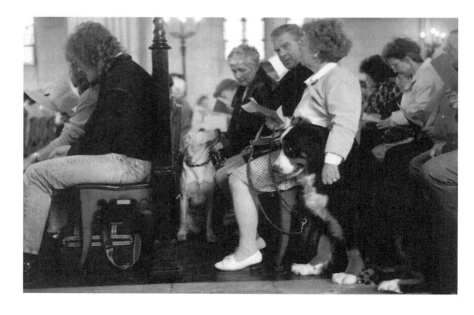

Der Führhund ist für Sehbehinderte Mobilitäts- und Lebenshilfe! Zur Zeit werden in der 1972 errichteten 'Stiftung Schweizerische Schule für Blindenführhunde' in Allschwil BL jährlich bis zu 20 Hunde ausgebildet und bei Sehbehinderten eingeführt. Die Schule züchtet Labrador-Retriever, die sich als Führhunde bestens eignen. Die Welpen werden in Patenfamilien plaziert und während 1 1/2 Jahren von diesen betreut. Nun folgt die 6 bis 9 Monate dauernde Ausbildung zum Führhund.

Foto oben: Ausbilder mit einem künftigen Blindenführhund bei der Arbeit in der Stadt.

Fotos auf den beiden folgenden Seiten: Durch Auflegen der Vorderpfote oder des Kopfes zeigt der Blindenführhund einen freien Sitzplatz an.

Im Haus des Basler Tierschutzvereins ist auch das Basler Tierheim untergebracht, das Platz für 80 Hunde, 80 Katzen und 2000
Kleintiere bietet.

Hans-Peter Haering leitet als Geschäftsführer den Basler Tierschutzverein und den Schweizer Tierschutz STS.

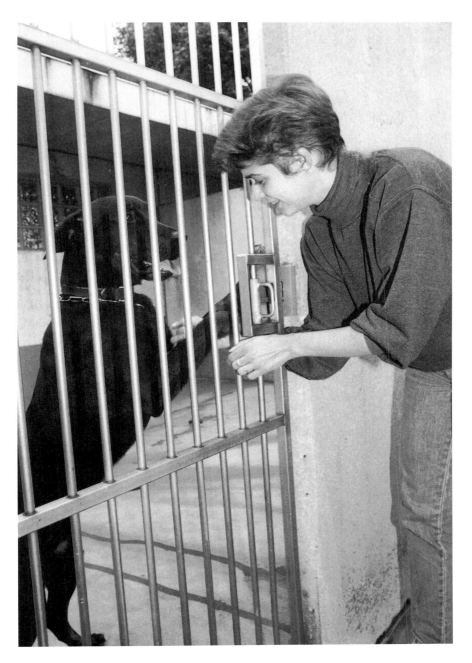

Heinz Fröscher spricht vor einer Schulklasse über das Thema 'Hund und Hundeerziehung'.

Hunde mit einer soliden Grunderziehung erhalten mehr Freiheit.

Wenn man mit dem Hund auch Sport treibt, ist er nicht 'unter-
beschäftigt'. Übungen mit Hindernissen machen ihm Spass. Hund
und Mensch lernen dabei, aufeinander einzugehen. Aus dieser
dynamischen Beschäftigung haben sich die Sportarten Agility,
Mobility und Flyball entwickelt.

Gefordert zu werden, macht den meisten Hunden Freude - auch Fergie, dem eleganten Coton de Tuléar!

Adressen

Basler Tierschutzverein
Birsfelderstrasse 45
4052 Basel
Tel.: 311 21 10

Kantonales Veterinäramt
Schlachthofstrasse 55
4056 Basel
Tel.: 322 66 55 oder Tel: 322 66 48
in dringenden Fällen ausserhalb der Bürozeiten
Funkruf mit Infobox: 040 60 05 17

Tierschutzbund Basel
Verein gegen die Vivisektion
Schillerstrasse 30
4053 Basel

Tierärztlicher Notfalldienst
der Kleintierärzte Basel und Umgebung
Tel.: 280 75 50

Tierambulanz SOS für Tiere
Anrufumleitung Tel.: 691 40 20
Hauptsitz Tel.: 811 22 68

Tierambulanz
Einsatzzentrale ganze Schweiz:
Tel.: 155 70 10

Hundekontrolle
Schlachthofstrasse 55
Postfach
4025 Basel
Tel.: 322 66 55

Tierärzte von Basel und Umgebung

Dr. med. vet. René Equey
Birkenstrasse 75
4055 Basel
Tel.: 302 99 68

Gemeinschaftspraxis für Kleintiere
Dres. med. vet. M. Euler und M. Batzer
Bottmingerstrasse 17
4102 Binningen
Tel.: 421 13 33

Dr. med. vet. Ruth Graf
Steinengraben 55
4051 Basel
Tel.: 271 05 22

Kleintierpraxis Am Ring
Dr. med. vet. T. Suter und med. vet. P. Drossaart
Riehenring 171
4058 Basel
Tel.: 693 11 33

Kleintierpraxis am Dorfplatz
Dr. I. Bein und Dr. M. Moser
Dorfplatz 7
4123 Allschwil
Tel.: 481 60 50

Kleintierpraxis Grünfeld
Dr. med. vet. P. Düblin
Grünfeldstrasse 1
4123 Allschwil
Tel.: 481 72 72

Dr. med. vet. Josef Meszaros
Neue Bahnhofstrasse 101
4132 Muttenz
Tel.: 461 33 43

Monika Roggo
Spezialtierärztin für Akupunktur
Hegenheimerstrasse 22
4055 Basel
Tel.: 321 28 28

Ueli Schmidiger
Zwinglistrasse 10
4127 Birsfelden
Tel.: 312 28 28

Daniel Stauffer
Wasserstelzenweg 36
4125 Riehen
Tel.: 601 40 60

Dr. med. vet. Rudolf Tschäppät
Hauptstrasse 90
4102 Binningen
Tel.: 421 66 22

Dr. Christoph Uehlinger
Reinacherstrasse 20
4142 Münchenstein
Tel.: 331 15 15

Tierspitäler von Basel und Umgebung

Kleintierklinik Klaus AG
Dr. med. vet. Gilbert Klaus
Benzburweg 8
4410 Liestal
Tel.: 921 66 66

Tierspital Dr. Christoph Uehlinger
Reinacherstrasse 20
4142 Münchenstein
Tel.: 331 15 15

Augenspital Basel-Stadt
Mittlere Strasse Nr. 91
4056 Basel
Tel.: 321 77 77

Tierspital Kasa
Bahnhofstrasse 11
79539 Lörrach
Tel.: 0691 - 35 28

Hundesport

Dressur-Verein Basel
Landauerstrasse 79
4058 Basel
Tel.: 601 54 10

Hundesport Erlen
Übungsplatz Akazienweg beim Zoll Otterbach
4057 Basel
Kontaktadresse: Fr. Clara Wiezel
Bäumlihofstr. 187
4058 Basel
Tel.: G 267 80 26

Hunde-Schule
Heinz Fröscher
Sommergasse 16
4055 Basel
Tel.: 382 49 04
Natel: 077 45 95 48

Hundepflege

Alfi Hundesalon
René Häring
Rebgasse 46
4058 Basel
Tel.: 692 87 39

Chez Heico
Beatrice Schmid
Oetlingerstrasse 185
4057 Basel
Tel.: 691 40 71

Hundesalon Strizzi
Ruth Eigenmann
Brombacherstrasse 29
4057 Basel
Tel.: 692 99 88

Hundesalon Voegtli
Josepf Voegtli
Freie Strasse 3-5
4001 Basel
Tel.: 261 70 67

Hundesalon Clochard
Doris Osterrieder
Rheingasse 13
4058 Basel
Tel.: 691 42 40

Pudel-Studio Nimyrah
Liliane Voisard
Engelgasse 22
4052 Basel
Tel.: 311 30 40

Ilona Züger
Birsfelderstrasse 45
4052 Basel
Tel.: 313 27 00

Ferienheime Basel und Umgebung

Basler Tierheim
des Basler Tierschutzvereins
Birsfelderstrasse 45
4052 Basel
Tel.: 311 21 10

Tierferienheim Burg
Max Hofmann
4117 Burg
Tel.: 731 18 48

Hundeferienheim Forellenhof
Rolf Künzi
Spechtstrasse 1
4106 Therwil
Tel.: 721 15 45

Tierheim zum Schnüffel
Stiftung SOS für Tiere
Augsterstrasse 35
4302 Augst
Tel.: 811 35 83

Animal Peace
Vermittlung von Privatferienplätze
Silvia Grimm
Fasanenstrasse 4
4402 Frenkendorf
Tel.: 901 91 81

Literatur

Aldington, Eric H., Von der Seele des Hundes/
      Wesen, Psychologie und Verhaltensweisen

Brunner, Ferdinand, Der unverstandene Hund

Hauke, Gebhard, Die Sache mit dem Hund

Milani, Myrna M., Die unsichtbare Leine

Ochsenbein, Urs, ABC für Hundebesitzer und solche,
      die es werden wollen

Tellington-Jones, L., Der neue Weg im Umgang mit
      Tieren

Weidt, Heinz, Der Hund, mit dem wir leben - sein
      Verhalten und Wesen